# *La mémoire*

QUE SAIS-JE ?

# *La mémoire*

LAURENT PETIT
Chargé de Recherche au CNRS
Groupe d'imagerie neurofonctionnelle
UMR 6194
CEA-CNRS - Universités de Caen et de Paris 5

*À Nathalie, Thibaud, Quentin et Matéo.*

Je remercie N. Tzourio-Mazoyer et L. Zago du groupe d'imagerie neurofonctionnelle pour leurs commentaires pertinents sur le manuscrit.

BIBLIOGRAPHIE THÉMATIQUE
« QUE SAIS-JE ? »

Jean Favier, *Les archives,* n° 805
Claude Le Guen, *Le refoulement,* n° 2683
Xavier Seron, *La neuropsychologie cognitive,* n° 2754
Denis Brouillet, Arielle Syssau, *La maladie d'Alzheimer : mémoire et vieillissement,* n° 3227
Bernard Mazoyer, *L'imagerie cérébrale fonctionnelle,* n° 3628

ISBN 2 13 053695 6

Dépôt légal — 1re édition : 2006, octobre


6, avenue Reille, 75014 Paris

# AVANT-PROPOS

« Le secret du système nerveux est le plus important ou le seul secret qui soutient tous les autres. »
*Carnets,* Paul Valéry.

D'une manière générale, la mémoire concerne le stockage, le souvenir d'une information. Ce terme de mémoire peut cependant prendre des assertions différentes selon le domaine dans lequel il est employé. En neurosciences, la mémoire est la capacité d'acquérir, de conserver et de restituer une information. Chez certains psychologues, la définition la plus satisfaisante de la mémoire est la possibilité d'adapter son comportement en fonction de l'expérience passée. En électronique et informatique, une mémoire est un dispositif physique permettant la conservation et la restitution d'information ou de données. En histoire, le devoir de mémoire est le souvenir (acte individuel) de faits historiques déterminants, et la commémoration (acte collectif) de ces souvenirs et faits. Il y a donc de multiples façons de parler de la mémoire. Le but de cet ouvrage est de présenter comment, du point de vue des neurosciences et de la psychologie, la mémoire fonctionne dans le cerveau humain. Là encore, il y a de multiples façons de décrire ce fonctionnement selon l'échelle à laquelle on se place. Une description à l'échelle microscopique va concerner les mécanismes cellulaires, voire moléculaires qui sont à l'origine de notre capacité à stocker et à évoquer des expériences passées. Le parti pris de cet ouvrage est de se placer à l'autre extrémité de l'échelle, en décrivant les bases neurales de la mémoire à un niveau macroscopique, intégratif. Autant le dire tout de suite, il n'y a pas dans le cerveau une seule et unique région de la mémoire. Deux raisons essentielles à cela : tout d'abord, il n'y a pas qu'un seul type de mémoire ; ensuite, chaque type de mémoire émerge du fonctionnement d'un réseau, c'est-à-dire d'un ensemble de régions cérébrales.

Donner une définition précise de la mémoire me semblait alors un pré-requis indispensable avant d'en aborder sa description anatomique et fonctionnelle. Mais une seule définition ne permet pas de rendre compte de tout ce qu'englobe le terme de mémoire. L'existence de diverses définitions pour un même concept augure surtout de la complexité des phénomènes que recouvre le terme de mémoire et pose la question de savoir si cette diversité est liée à l'existence de plusieurs systèmes de mémoire ou si elle ne tient qu'à la différence de nature des tâches dans laquelle elle est impliquée.

Le chapitre I présente un bref historique de l'évolution du concept de mémoire. Tenter de comprendre le fonctionnement de la mémoire a longtemps été le domaine réservé des philosophes, du moins jusqu'au début du XIXe siècle. Les premières vraies découvertes sont ensuite apparues avec le rapprochement de la psychologie expérimentale et de la recherche clinique au début du XXe siècle. Elles ont permis l'émergence d'une discipline comme la neuropsychologie expérimentale dont les travaux sont à l'origine des modèles actuels de fonctionnement et de fractionnement de la mémoire décrits dans le chapitre II.

Poursuivant l'objectif de cet ouvrage, qui est de permettre au lecteur d'appréhender les multiples facettes de la mémoire telles que les abordent actuellement les spécialistes du cerveau (neurosciences et psychologies cognitives), le chapitre III présente ainsi différents systèmes de mémoire aujourd'hui à l'étude avec les techniques d'imagerie cérébrales fonctionnelles.

L'avènement de ces techniques comme la tomographie par émission de positons (TEP) et l'imagerie par résonance magnétique fonctionnelle (IRMF), a eu un formidable impact sur le développement des neurosciences cognitives durant les quinze dernières années. Les études sur la mémoire constituent à cet égard un exemple indéniable de ce que ces techniques ont pu apporter à la compréhension de cette fonction.

La description anatomique et fonctionnelle des structures cérébrales impliquées dans les différents systèmes mnésiques requière l'utilisation d'un vocabulaire d'anatomie descriptive du cerveau humain. Le lecteur pourra régulièrement se référer à la figure ci-dessous pour situer les structures anatomiques évoquées dans les différents chapitres.

Le domaine de la mémoire renvoie à une littérature considérable qu'il est impossible de citer dans sa tota-

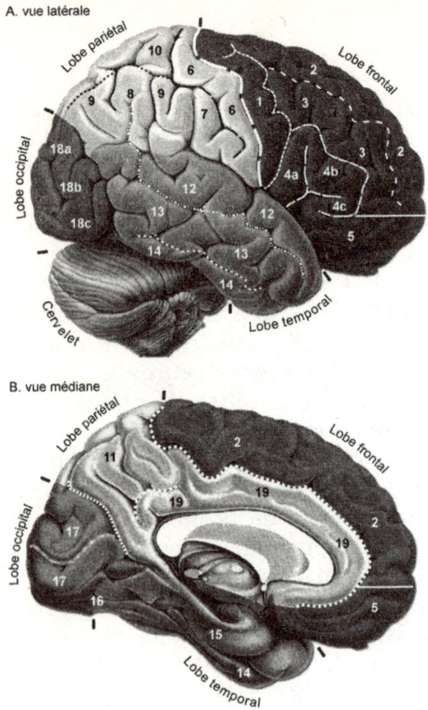


Anatomie descriptive du cerveau humain

*Lobe frontal*

1. Gyrus précentral
2. Gyrus frontal supérieur
3. Gyrus frontal moyen
4. Gyrus frontal inférieur
   a. operculaire
   b. triangulaire
   c. orbitaire
5. Partie orbitaire du lobe frontal

*Lobe pariétal*

6. Gyrus postcentral
7. Gyrus supramarginal
8. Gyrus angulaire
9. Gyrus pariétal inférieur
10. Gyrus pariétal supérieur
11. Précunéus

*Lobe temporal*

12. Gyrus temporal supérieur
13. Gyrus temporal moyen
14. Gyrus temporal inférieur
15. Lobe temporal médian
16. Gyrus fusiforme

*Lobe occipital*

17. Partie médiane du lobe occipital
18. Gyrus occipital
    a. supérieur
    b. moyen
    c. inférieur

*Lobe limbique*

19. Gyrus cingulaire

lité. On trouvera en fin d'ouvrage une liste des principaux livres étayant les idées et les données actuelles sur le sujet. Les références correspondant aux travaux scientifiques fondamentaux sont citées dans le texte par une note en bas de page.

Chapitre I

# HISTOIRE DU CONCEPT DE MÉMOIRE

## I. – De l'Antiquité à l'Art de la mémoire médiéval

Dans la mythologie grecque, la déesse de la mémoire, Mnémosyne, est la fille de l'union incestueuse d'Uranus, dieu du Ciel, et de sa mère Gaia, la Terre. Elle connaît les secrets de la beauté mais aussi ceux du savoir : devant elle, dans un éternel présent, se dressent les trois faces du temps. Ainsi, Mnémosyne connaît tout ce qui a été, tout ce qui est, tout ce qui sera. En s'unissant pendant neuf nuits à Zeus elle lui donna neuf filles, les Muses de l'Hélicon : Calliope, Clio, Erato, Euterpe, Melpomène, Polymnie, Terpsichore, Thalie et Uranie. L'éloquence, l'histoire, la musique, l'art des fêtes et du chant, la géométrie, la danse, la comédie, l'astronomie, et ainsi tous les arts doivent leur naissance à la mère des Muses, la mémoire.

Pour les philosophes de l'Antiquité, la mémoire ainsi tombée du ciel des divinités dans la tête des Hommes, fut un mystère. Aristote (384-322 av. J.-C.), dans son *De memoria et reminiscentia* tenta de résoudre le paradoxe de la mystérieuse survie du passé en nous, qui le rend visible et sensible comme s'il était présent, tout en s'affirmant révolu au même instant. « Tout marche, écrit-il, grâce aux associations : un souvenir en appelle un autre, l'image d'une chose en entraîne une autre, s'il y a entre les deux un rapport de ressemblance, de contrariété ou de contiguïté. » L'Art de la mémoire se fondera au Moyen Âge sur ces trois lois d'associations pour construire les images, susceptibles de concentrer en elles-mêmes une chaîne d'associations capable de permettre à notre esprit de retrouver ce qui leur avait été confié.

À cette analyse essentiellement philosophique de la fonction de mémoire chez les Anciens est venue s'adjoindre une approche anatomo-physiologique basée sur l'étude des relations entre le cerveau et les fonctions mentales. Aristote fût un des promoteurs d'une théorie dite cardio-centriste qui donnait au cœur le rôle dans la génération et le contrôle des facultés mentales. Les propriétés cognitives du cœur provenaient selon lui de sa chaleur. Le cerveau était pour sa part un organe froid qui n'intervenait que comme régulateur d'éventuels excès du cœur. Cette théorie s'opposait à celle plus ancienne de Platon (427-347 av. J.-C.) qui plaçait cette fois-ci le cerveau au centre des activités mentales de l'Homme. Dans le *Phédon*, Platon expose sa théorie cérébro-centriste : « L'élément par lequel nous pensons serait-il le sang ? Ou l'air ? Ou le feu ? Ou bien il n'est aucun de ceux-ci, étant le cerveau, qui nous procure les sensations, de l'ouïe, de la vue et de l'odorat ? Et de ceux-ci naissent la mémoire et l'opinion ? Puis de la mémoire et de l'opinion, devenues stables, naît de la même manière la science ? » On observe à nouveau le rôle central accordé à la mémoire dans l'établissement des connaissances. Contemporain de Platon, Hérophile proposa vers 300 av. J.-C. que les fonctions supérieures du cerveau soient localisées dans les ventricules cérébraux, c'est-à-dire dans les cavités situées à l'intérieur du cerveau, remplies de liquide céphalo-rachidien et qui communiquent entre elles et jusqu'au bas de la moelle épinière. La présence de plusieurs cavités bien séparées mais communicant entre elles et pouvant ainsi échanger les « esprits » dont elles étaient remplies, a constitué un support idéal pour ce qu'il est convenu d'appeler la première théorie des localisations des fonctions cognitives. Cette théorie ventriculaire, appelée aussi « théorie des cellules », connaîtra un développement extraordinaire, notamment au Moyen Âge où seront distinguées trois facultés essentielles associées chacune à une cavité ventriculaire : le sens, la raison et... la mémoire (voir fig. I.1, p. 14).

Ainsi, depuis l'Antiquité et durant tout le Moyen Âge, la mémoire fut considérée comme l'un des plus importants, si ce n'est le plus important, des accomplissements intellectuels. Les plus grands génies de leur temps étaient décrits comme des hommes doués d'une mémoire supérieure et cette faculté était tenue comme un signe de supériorité morale aussi bien qu'intellectuelle.

Dans son ouvrage sur la mémoire dans la culture médiévale, Mary Carruthers soutient que « la culture médiévale était fondamentalement mémorielle, à un

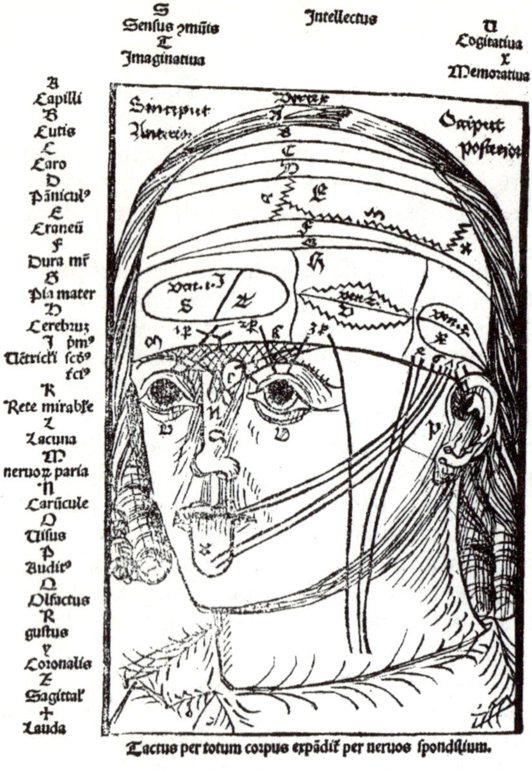


Fig. I.1. – Gravure de Magnus Hundt (1449-1519) illustrant la théorie des cellules comme siège des fonctions mentales et publié en 1501 dans son *Anthropologium*[1]. Le cerveau est parcellisé de A à G alors que les sens spéciaux sont représentés de O à R avec les connexions et le système ventriculaire avec ses trois cellules. Première cellule *« sensus communis »* et *« imaginativa »* ; la seconde *« cognitiva »* et la troisième *« memorativa »*. Les esprits vitaux provenant du cœur sont convertis en principes spirituels au niveau d'un treillis de vaisseaux situé à la base du crâne (en hachuré sur la gravure), puis diffusent dans les cellules avant de passer dans les nerfs moteurs ou sensitifs.

1. M. Hundt, *Anthropologium de hominis dignitate, natura et proprietatibus ; de elementis, partibus et membris humani corporis*. Leipzig, W. Stoeckel, 1501.

degré aussi écrasant que la culture moderne de l'Occident est documentaire »[1].

L'encensement de la mémoire tout au long du Moyen Âge a surtout concerné ses aspects de mnémotechnie. Ce fut ainsi l'âge d'or de l'Art de mémoire dont le but était de mettre de l'ordre dans les souvenirs afin de mieux les conserver d'abord sous forme d'images puis d'en faciliter l'accès. Cependant, la découverte et le développement de l'écriture ont offert des supports fixes et stables aux souvenirs. L'invention de l'imprimerie, en multipliant de manière plus économique et efficace ce type de mémoire externe a alors ôté une grande partie de l'utilité de l'art de mémoire. À partir du XVIIe siècle, ce dernier entra en une décadence irréversible.

## II. – Les prémices d'une neuropsychologie de la mémoire

En 1804, le philosophe français Maine de Biran publia une monographie dans laquelle il affirmait que la mémoire ne doit pas être considérée comme une seule entité. Il distingua trois formes distinctes de mémoire opérant indépendamment l'une de l'autre : la mémoire représentative qui permet le souvenir des événements et les mémoires mécanique et sensitive impliquées dans l'expression inconsciente de certains comportements[2]. À la même époque, Franz Joseph Gall décrivit

1. M. Carruthers, *Le livre de la mémoire,* Macula, 2002.
2. Maine de Biran, *Influence de l'habitude sur la faculté de penser,* Paris, PUF, 1804/1954.

l'existence de différents types de mémoire à l'aide d'observations sur la diversité des mémoires individuelles. En 1819, il écrivait : « Au nombre de mes condisciples, il y en avait quelques-uns qui retenaient sans peine même les choses qu'ils ne comprenaient point ; d'autres, qui n'avaient pas cette facilité de réciter par cœur, retenaient particulièrement les faits, les événements. D'autres se distinguaient par une grande facilité à se rappeler les lieux, à s'orienter et à nous conduire par des chemins inconnus ; quelques-uns répétaient sans faute un morceau de musique ; d'autres enfin se souvenaient surtout des nombres, des dates, etc. » Et il ajoutait plus loin : « ... il doit y avoir autant de mémoires qu'il y a de facultés essentiellement différentes et par conséquent il ne peut y avoir un organe seul et particulier pour la mémoire. »[1]

Il fallut ensuite attendre la fin du XIX<sup>e</sup> siècle pour véritablement voir apparaître les premières études expérimentales sur la mémoire. En 1885, le psychologue Hermann Ebbinghaus publia le premier ouvrage consacré à la mesure de la mémoire. Aborder l'étude de la mémoire du point de vue psychologique conduisit en effet à la nécessité d'évaluer expérimentalement cette fonction. Ebbinghaus introduisit une manière quantitative d'étudier un grand nombre de phénomènes de mémoire. Ces travaux sont détaillés dans l'ouvrage de Serge Nicolas[2] à partir duquel je rapporte ici

1. F. J. Gall, *Anatomie et physiologie du système en général et du cerveau en particulier*, Paris, N. Maze, 1819.

2. S. Nicolas, *La mémoire humaine : une approche structuraliste*, Paris, L'Harmattan, 2000.

l'expérience de référence ayant inspiré de nombreux chercheurs dans l'étude de la mémoire. Il s'agissait d'une étude quantitative de l'oubli basé sur l'apprentissage de 163 séries de 13 syllabes dépourvues de sens mais prononçables. Un premier apprentissage durait jusqu'à deux récitations sans erreurs des séries. Puis un ré-apprentissage était effectué dans un délai allant d'un quart d'heure à un mois. Les résultats ont montré que l'oubli est très rapide dès les premières heures et que 80 % du matériel appris est oublié un mois plus tard. C'est donc à partir de cette approche pionnière d'Ebbinghaus que plusieurs méthodes de mesure de la mémoire ont été mises au point révélant un nombre important de phénomènes comme l'effet de répétition, d'espacement des présentations, de la signification, etc. Deux axes méthodologiques de mesure du souvenir ont ainsi émergé dès la fin du XIXe siècle : le rappel et la reconnaissance. Ces deux approches ont notamment été utilisées par le psychologue Alfred Binet dans ses travaux sur la mémoire des calculateurs prodiges ou celle des joueurs d'échec[1].

Quelques années auparavant, instaurant une approche dite pathologique, le physiologiste et philosophe Théodule Ribot avait publié une monographie suggérant que l'étude des troubles de la mémoire révèle la structure et le fonctionnement de cette dernière. Il proposa de rendre compte de plusieurs observations d'amnésie à l'aide d'une loi de régression selon

1. A. Binet et L. Henneguy, *Psychologie des grands calculateurs et joueurs d'échec*, Paris, Hachette, 1894.

laquelle la destruction progressive de la mémoire commence par les faits récents et s'étend aux idées, puis aux sentiments et finalement aux actes. C'est une régression du plus récent vers l'ancien, de l'instable vers le stable. L'ouvrage de Ribot est toujours d'une remarquable actualité car il y présente une définition biologique de la mémoire ainsi qu'une conception structuraliste de celle-ci suggérant qu'il existe plusieurs formes de mémoires[1]. Le philosophe Henri Bergson défendra à son tour quelques années plus tard l'idée de l'existence de plusieurs formes ou types de mémoire dans son ouvrage *Matière et Mémoire* : « On pourrait se représenter deux mémoires théoriquement indépendantes. La première enregistrerait sous forme d'images-souvenirs, tous les événements de notre vie quotidienne à mesure qu'ils se déroulent ; elle ne négligerait aucun détail ; elle laisserait à chaque fait, à chaque geste, sa place et sa date. ... une mémoire profondément différente de la première, toujours tendue vers l'action, assise dans le présent et ne regardant que l'avenir... De ces deux mémoires, l'une imagine et l'autre répète. »[2]

Cette opposition entre mémoire siège de nos souvenirs et mémoire dépositaire de nos actes moteurs se retrouve dans les modèles contemporains de la mémoire. Cependant, il est important de souligner que le rapprochement des positions de Ribot et de Bergson sur

1. S. Nicolas, *La mémoire et ses maladies selon Théodule Ribot (1881)*, Paris, L'Harmattan, 2002.
2. H. Bergson, *Matière et mémoire*, Paris, PUF, « Quadrige », 1896.

l'existence de plusieurs mémoires masque en réalité une divergence profonde dans la conception du fonctionnement du cerveau chez ces deux philosophes[1]. Ribot a fondé son raisonnement sur le fait que le cerveau est l'organe de la représentation et que la mémoire est de nature organique alors que Bergson considérait le cerveau comme l'organe de l'action mais pas celui de la perception. Bergson distingua bien deux formes de mémoire, la première de nature sensori-motrice gravée dans le corps (c'est l'habitude) et la seconde constituée des souvenirs de nature immatérielle ce qui lui interdit toute forme de support anatomique.

C'est également en cette fin de XIX^e^ siècle, décidément riche en interrogations sur l'unicité ou la multiplicité des mémoires, que parurent les *Principes de Psychologie* de William James[2]. Le psychologue américain y oppose une mémoire primaire, qui nous permet de garder conscientes des perceptions ou des idées pendant un certain temps, à une mémoire secondaire qui permet le rappel à la conscience d'éléments qui en avaient disparu. Les travaux de James entérinent ainsi l'idée d'une nature composite de la mémoire mais qui ne s'imposera finalement et définitivement que cinquante ans plus tard. Jusqu'aux années 1950, la psychologie a été dominée par un courant apparu au début du XX^e^ siècle et basé sur l'analyse des comportements observables : le behaviorisme. Inspiré des

1. E. Jaffard, B. Claverie et B. Andrieu, *Cerveau et mémoires. Bergson, Ribot et la neuropsychologie,* Osiris, 1998.
2. W. James, *The principle of psychology,* New York, Holt, 1890.

célèbres travaux du russe Ivan Pavlov sur le conditionnement chez les animaux (un son de cloche précédant régulièrement l'apport de nourriture à un chien finit par déclencher à lui seul les réactions motrices et glandulaires que l'animal effectue en présence de nourriture), ce courant de pensée reconnaît comme seul objet d'investigation scientifique ce qui est observable et mesurable, c'est-à-dire le comportement tel qu'il se manifeste par les réactions réflexes d'un organisme soumis à un stimulus externe. L'activité proprement mentale située entre le stimulus et la réponse comportementale était considérée comme une « boîte noire » qui ne pouvait être étudiée scientifiquement. L'étude psychologique de la mémoire se limita alors aux phénomènes de conditionnement associatif pavlovien ou opérant, lié à l'action. Par exemple, un rat placé dans une cage en présence de deux leviers apprend très vite à distinguer celui qui lui apporte de la nourriture. Le bannissement par la psychologie behavioriste de toute forme d'études introspectives de la mémoire a stoppé net la diversité et le foisonnement des recherches expérimentales sur ce thème. Engoncées dans le modèle behavioriste dominant la psychologie durant plus de cinquante ans, les différentes formes de mémoire suggérées par les travaux de Ribot et James ont toutes été assimilées à l'habitude et étudiées à travers l'apprentissage et le conditionnement.

Sous l'influence du développement des sciences de la communication et de l'informatique, le behaviorisme a été progressivement abandonné à l'aube des années 1960 au profit de la psychologie dite cognitive.

Selon cette dernière, le cerveau peut être considéré comme une machine à traiter l'information sur le modèle des ordinateurs suivant des procédures successives : saisies et codage de l'information selon un code symbolique, stockage, rappel, décodage et sortie. L'étude de la mémoire a constitué un des principaux champs d'application de cette approche jusqu'à en devenir une problématique centrale des sciences de la cognition.

La confrontation des modèles de la psychologie cognitive (issus des apports interdisciplinaires de la psychologie, de la psycho-linguistique et de l'intelligence artificielle) aux études du fonctionnement du cerveau a surtout permis de raviver une discipline particulière, la neuropsychologie cognitive. Cette dernière repose sur le postulat que toute activité psychique est sous-tendue par un processus cérébral. Il est aujourd'hui admis que les travaux de Paul Broca durant la seconde moitié du XIX<sup>e</sup> siècle ont véritablement donné naissance à cette discipline. Le neurologue français a rapporté le cas d'un patient victime d'un accident vasculaire cérébral et qui présentait une perte complète de la production de langage. Après le décès du patient, Broca révéla lors de l'autopsie une lésion dans la partie inférieure du lobe frontal gauche du patient, et établit ainsi le lien entre le dysfonctionnement cognitif et la lésion. L'approche neuropsychologique, aussi appelée anatomo-clinique est restée tout au long du XX<sup>e</sup> siècle la seule source de données concernant l'architecture fonctionnelle macroscopique du cerveau humain.

## III. – L'émergence des mémoires multiples

En dépit des tentatives de diversification initiées par Maine de Biran, puis celles de Ribot en France et James aux États-Unis à la fin du XIXe siècle, l'unicité de la mémoire est restée largement admise jusqu'aux années 1950/1960. La primauté du fractionnement de la mémoire revient à Donald Hebb qui publia en 1949 un ouvrage où il distinguait une mémoire à court terme basée sur l'activité électrique temporaire dans le cerveau et une mémoire à long terme basée sur le développement de changements neurochimiques plus permanents[1].

Dans les années qui suivirent, l'idée d'une multiplicité de la mémoire s'est imposée avec les études de neuropsychologie expérimentale confrontant les perturbations cognitives aux lésions cérébrales. Les termes de « dissociation » ou de « logique dissociative » ont alors fait leur apparition pour définir le fait que certaines formes de mémoires sont préservées alors que d'autres sont perturbées à la suite d'une lésion localisée. C'est grâce aux avancées de la neuropsychologie cognitive que les dissociations du fonctionnement de la mémoire humaine ont alors été révélées et ont entériné la conception multi-système de cette dernière à l'échelle macroscopique.

1. D. O. Hebb, *Organization of behavior,* New York, Wileiy, 1949.

Chapitre II

# TAXINOMIE DE LA MÉMOIRE HUMAINE

Comme le souligne Serge Nicolas[1] : « Le terme "mémoire" est l'un de ceux que l'extension démesurée du champ sémantique propose à tous les malentendus. Consultez plusieurs dictionnaires généraux, philosophiques ou psychologiques et comparez les définitions qui y sont données : les significations les plus variées lui sont attachées. »

Stimulé par plus d'un siècle d'études neuropsychologiques ayant montré que des patients lésés présentent des performances normales à certains types de mémoires tout en souffrant de troubles sévères pour d'autres types, les chercheurs en sont venus à distinguer de nombreuses formes de mémoire ou systèmes de mémoire. Ceci a conduit à une abondance de qualificatif sur la manière de définir ces différents types de mémoire incluant, pour les plus connus et sans être exhaustif, la mémoire à court terme et la mémoire à long terme ; la mémoire de travail, la mémoire épisodique et la mémoire sémantique ; la mémoire autobiographique ; la mémoire spatiale ; la mémoire des habi-

1. S. Nicolas, *La mémoire humaine : une approche structuraliste*, Paris, L'Harmattan, 2000.

tudes et la mémoire cognitive ; la mémoire implicite et la mémoire explicite ; la mémoire déclarative et la mémoire procédurale...

À cette profusion de terminologies correspond un certain nombre de modèles d'organisation de la mémoire développés au cours des années 1980 et sur lesquels reposent la majorité des études actuelles en neuroimagerie cognitive.

À la suite des travaux de D. Hebb distinguant une mémoire à court terme et une mémoire à long terme, un ensemble de modèles a été proposé dont le plus influent fut celui des psychologues R. C. Atkinson et R. M. Shiffrin[1] à la fin des années 1960. Ce modèle constitue un des premiers modèles structuraux et hiérarchiques de la mémoire. Il divise cette dernière suivant la durée du souvenir en trois composantes : la mémoire sensorielle, la mémoire à court terme et la mémoire à long terme (fig. II.1).

Selon le modèle d'Atkinson et Shiffrin, l'information sensorielle entre d'abord dans la mémoire sensorielle pour une très courte période de l'ordre de quelques centaines de millisecondes. La mémoire à court terme va ensuite recevoir une sélection des informations issues de la mémoire sensorielle, mais également des informations issues de la mémoire à long terme. Ces informations sont maintenues en mémoire tout au plus quelques dizaines de secondes, d'où la notion de

1. R. C. Atkinson et R. M. Shiffrin, Human memory : A proposed system and its control processes, *The psychology of learning and motivation,* K. W. Spence et J. T. Spence, New York, Academic Press, 1968, p. 89-195.

court terme. Enfin, la mémoire à long terme se caractérise par la permanence de l'information stockée. Un élément important concerne le transfert possible d'informations de la mémoire à long terme vers la mémoire à court terme qui donnera ultérieurement tout son sens à la notion de mémoire de travail.

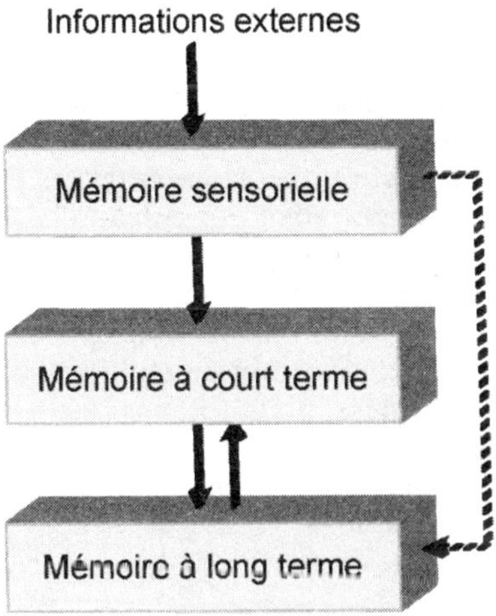


Fig. II.1. – Le modèle structurel de la mémoire selon Atkinson et Shiffrin (1968)

Bien que leurs mécanismes diffèrent, ces trois systèmes s'enchaînent naturellement et peuvent être considérés comme trois stades nécessaires à la mémorisation durable d'un souvenir. Dans sa conception, le modèle d'Atkinson et Shiffrin, est un modèle sériel puisque l'information doit passer de l'état d'information sensorielle à la mémoire à court terme puis à celle à long terme. Il a rendu parfaitement compte des dissociations décrites dans les syndromes amnésiques entre une mémoire à court terme préservée et une mémoire à long terme perturbée, que ce soit le cas HM détaillé plus tard dans ce chapitre ou le syndrome de Korsakoff. La description à la même époque de plusieurs patients atteints de troubles de mémoire à court terme sans trouble de la mémoire à long terme a conforté la distinction théorique entre ces deux formes de mémoire tout en remettant en cause l'organisation sérielle du modèle. Il n'en reste pas moins un modèle charnière à partir duquel l'unicité de la mémoire à court terme évoluera vers la conception d'une mémoire de travail comportant de multiples composants. De la même manière, nous verrons que le concept de mémoire à long terme sera soumis à divers fractionnements, distinguant ainsi la mémoire épisodique de la mémoire sémantique.

## I. – La mémoire sensorielle

La mémoire sensorielle conserve fidèlement mais très brièvement l'information perçue. Sa durée est si courte (de quelques centaines de millisecondes à une à deux secondes) qu'elle est souvent considérée comme faisant partie du processus de perception. Ce qui fait également dire qu'il y a autant de mémoires sensorielles que de modalités sensorielles. On distingue notamment deux sous-systèmes : la mémoire iconique de la perception visuelle et la mémoire échoïque de la perception auditive. Quand nous allons au cinéma, nous nous trouvons en face de séries d'images fixes séparées par de courtes périodes d'obscurité. Si nous percevons cela comme une scène en mouvement continu identique à la réalité, c'est parce que nous stockons chaque image présentée très brièvement grâce à cette mémoire iconique. D'une façon similaire, le traitement auditif implique la sommation d'informations sur de courtes périodes de temps. La mémoire sensorielle procure ainsi l'effet d'unité d'un objet ou d'un phénomène lors de sa perception. Elle ne nécessite pas de porter son attention sur une caractéristique particulière de l'objet car le stockage se fait automatiquement lors de la perception et disparaît généralement en moins d'une seconde. Le psychologue G. Sperling est à l'origine d'une série de travaux au début des années 1960 ayant permis d'estimer la durée de la mémoire iconique[1]. Un tableau de 12 lettres réparties en 3 lignes et 4 colonnes est flashé. Après disparition de l'image, le sujet entend une note de musique grave, moyenne ou aiguë. La hauteur du son indique la ligne que le sujet doit décrire. Si le son arrive dans les quelques centaines de millisecondes qui suivent l'affichage, le sujet se souvient de la plupart des lettres de la rangée, 3 en moyenne, ce qui suggère qu'il en a mémorisé $3 \times 3 = 9$ puisqu'il y a trois rangées possibles.

1. G. Sperling, The information available in brief presentation, *Psychological Monograph*, 74, n° 498, 1960.

Quand le son est présenté plus d'une seconde après la présentation des lettres, la performance du sujet chute de moitié. Cette expérience montre que les lettres sont rapidement encodées et que leur trace persiste quelques centaines de millisecondes.

La mémoire iconique est ainsi considérée comme essentielle à la perception visuelle consciente. Plus généralement, la mémoire sensorielle constitue un passage obligé pour le stockage et le traitement dans la mémoire à court terme.

## II. – La mémoire à court terme ou mémoire de travail

La mémoire à court terme enregistre temporairement les événements qui s'enchaînent au quotidien. C'est un visage croisé dans la rue ou un numéro de téléphone entendu qui se dissipera rapidement à tout jamais si on ne fait pas un effort conscient pour s'en souvenir. Sa capacité de stockage, appelé l'empan mnésique, est limitée à environ sept items plus ou moins deux selon les personnes. La mesure de l'empan mnésique trouve ces origines dans une méthode mise au point à la fin du XIXe siècle par Joseph Jacobs, maître d'école et désireux de mesurer la capacité intellectuelle de ses élèves. Cette méthode consiste à présenter à un sujet une liste d'items (des lettres, des syllabes, des mots, ou bien encore des chiffres) et à lui demander de répéter cette liste dans l'ordre. La longueur de la liste d'items répétés sans erreur par le sujet constitue l'empan mnésique.

La mémoire à court terme est en fait un élément essentiel de l'activité psychique. Pour comprendre le sens de la phrase que vous avez devant les yeux, il est nécessaire de garder en mémoire les premiers mots. Cette notion de maintien à l'esprit d'informations nécessaires à leur traitement a donné naissance à un autre terme, aujourd'hui employé en lieu et place de celui de mémoire à court terme : la mémoire de travail. Cette dernière met notamment en rapport les informations présentes avec les procédures requises pour leur traitement et qui sont issues de la mémoire à long terme. Ainsi, la compréhension de la phrase nécessite non seulement que vous conserviez à l'esprit les mots du début jusqu'à la fin, mais que vous utilisiez également vos connaissances de la langue et des techniques de lecture qui sont stockés dans la mémoire à long terme, en l'occurrence ici la mémoire sémantique. La mémoire de travail permet donc d'effectuer des traitements cognitifs sur les éléments qui y sont temporairement stockés. Elle est plus largement impliquée dans tout processus faisant appel à un raisonnement, comme lire, écrire ou calculer. Une tâche classique qui la met à contribution est la traduction simultanée par un interprète qui doit faire la traduction tout en retenant les informations qui lui parviennent en même temps dans l'autre langue.

Le psychologue Alan Baddeley est l'initiateur du concept moderne de mémoire de travail qui rassemble ces différents processus en une seule définition. La mémoire de travail aide au maintien temporaire, à la sélection et à la manipulation d'informations pendant la réalisation de diverses tâches cognitives comme la compréhension de textes, l'apprentissage, la résolution de problèmes et au cours des activités de « pensée » en général[1]. À l'origine, ce modèle décomposait la mémoire de travail en trois sous-ensembles (fig. II.2 A) : un administrateur central (la composante attentionnelle du modèle) assisté de deux systèmes auxiliaires, la boucle phonologique essentielle au maintien des informations verbales et le registre visuo-spatial pour les informations visuelles et spatiales, instaurant ainsi une séparation entre mémoire de travail verbale et visuo-spatiale. Les recherches ultérieures ont conduit à dissocier au sein même de la mémoire de travail visuo-spatiale, une mémoire de travail « objet », dépictive (permettant la description des caractéristiques non spatiales d'un objet ou de son image) et non spatiale, d'une mémoire de travail strictement spatiale. Il est important de préciser le sens du terme « visuel ». La mémoire de travail visuo-spatiale fait généralement référence au registre visuo-spatial dans son ensemble et concerne par essence les informations visuelles. La mémoire de travail visuelle ou « objet » se réfère couramment à l'identité du stimulus alors que la mémoire de travail spatiale se réfère à la localisation dans l'espace de cette information visuelle au sens large.

Le modèle de Baddeley sans être le seul modèle de mémoire de travail n'en constitue pas moins la référence principale en neuropsychologie comme en neu-

1. A. D. Baddeley et G. J. Hitch, Working memory, *The psychology of learning and motivation,* G. Bower, San Diego, Academic Press, 1974, p. 47-90.

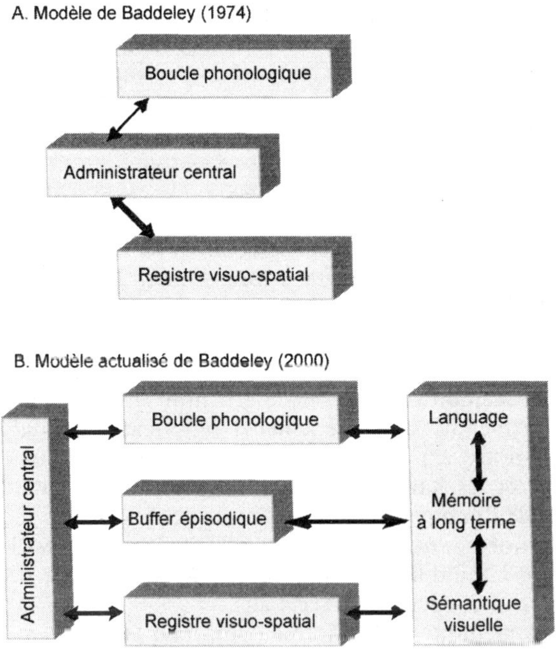


Fig. II.2. – Le modèle de la mémoire de travail selon Baddeley (1974, actualisé en 2000)

roimagerie cognitive. Il a peu évolué pendant un quart de siècle, mais l'ajout d'un élément important est intervenu en 2000[1]. Le modèle intègre désormais un sys-

1 A. Baddeley, The episodic buffer : A new component of working memory ?, *Trends Cogn Sci,* 4 (11), 417-423, 2000.

tème de stockage temporaire (buffer) épisodique (fig. II.2 B). Son rôle est de maintenir temporairement des informations provenant des différentes modalités (verbales, visuelles, spatiales...), autrement dit, des épisodes dans lesquels l'information est intégrée dans l'espace et dans le temps. Comme les autres systèmes auxiliaires, le buffer épisodique est contrôlé par l'administrateur central. Cet ajout permet une meilleure articulation du fonctionnement de la mémoire de travail et de la mémoire à long terme.

## III. – La mémoire à long terme

La mémoire à long terme sert non seulement à emmagasiner tous les événements significatifs qui jalonnent notre existence, mais aussi à retenir le sens des mots et les habiletés manuelles apprises. Sa capacité semble illimitée et elle peut durer des jours, des mois, des années, voire toute une vie ! Toutefois, elle est loin d'être infaillible, déforme parfois les faits, et sa fiabilité tend à décroître avec l'âge.

La mémoire à long terme comprend la mémoire des faits récents, où les souvenirs sont encore fragiles, et la mémoire des faits anciens, où les souvenirs ont été consolidés. Elle peut être schématisée comme la succession dans le temps de trois grands processus de base : l'encodage, le stockage et la récupération d'information.

L'encodage vise à donner un sens à la chose à remémorer. Par exemple, le mot « citron » peut être encodé de la manière suivante : fruit, rond, jaune. Si ce mot n'est pas spontanément restitué, l'évocation d'un indice issu de l'encodage (par exemple : fruit) permettra de le retrouver. De la profondeur de l'encodage, donc de l'organisation des données, dépendra l'efficacité de la récupération. Le processus d'encodage fait également référence non seulement à l'information ciblée, mais également au contexte environnemental, cognitif et émotionnel entourant cette dernière. De plus l'association d'idées ou d'images par des moyens mnémotechniques contribue à créer des liens qui facilitent l'encodage.

Une information, même bien encodée, est toujours sujette à l'oubli.

Le stockage peut être considéré comme le processus actif de consolidation rendant les souvenirs moins vulnérables à l'oubli. C'est cette consolidation qui différencie le souvenir des faits récents du souvenir des faits anciens qui, eux, sont associés à un plus grand nombre de connaissances déjà établies. Le sommeil, dans sa phase paradoxale notamment, ainsi que les révisions (scolaires, par exemple) jouent un grand rôle de consolidation. Plus un souvenir sera codé, élaboré, organisé, structuré, plus il sera facile à retrouver.

La récupération (ou restitution) des souvenirs, volontaire ou non, fait appel à des mécanismes actifs qui vont utiliser les indices de l'encodage. Pour être utilisée, l'information est alors copiée temporairement de la mémoire à long terme dans la mémoire de travail. La récupération de l'information encodée dans la mémoire à long terme est traditionnellement subdivisée en deux types. Le rappel implique une restitution active de l'information, alors que la reconnaissance requiert seulement de décider si une chose parmi d'autres a été préalablement rencontrée.

Le concept de mémoire à long terme est encore utilisé de façon générique, mais son étude en neuropsychologie puis plus récemment en neuroimagerie recouvre plusieurs systèmes de mémoire. La distinction la plus courante concerne la mémoire sémantique et la mémoire épisodique.

1. **La mémoire sémantique et la mémoire épisodique.** – À l'époque où le modèle d'Atkinson et Shiffrin finalisa la distinction entre mémoire à court terme et mémoire à long terme grâce, notamment, aux études en neuropsychologie, les informaticiens cherchaient à programmer des machines capables de comprendre le langage parlé. Ils furent rapidement confrontés à la manière dont le sens des mots devait être stocké. Un étudiant du Massachusetts Institut of Technology aux États-Unis, Ross Quillian, fut chargé de résoudre ce problème et mit au point un programme appelé TLC *(Teachable language comprehension)*[1]. L'idée forte reposait sur une série d'affirmations codées au cœur du programme sur la façon dont le sens était stocké tout en utilisant une organisation hiérarchique afin de minimiser la demande de stockage. Les psychologues utilisèrent alors cette ap-

1. A. M. Collins et M. R. Quillian, Retreival time from semantic memory, *J. Verbal Learn Behav*, 8, 240-247, 1969.

proche à base de modèle hiérarchique afin d'examiner la manière dont l'homme stocke ses connaissances. Cette nouvelle approche a rapidement trouvé un écho au sein de la communauté des neuropsychologues de la mémoire, notamment à l'occasion d'une conférence organisée en 1972 et rendue célèbre par les conclusions élaborées par Endel Tulving sur l'organisation de la mémoire[1]. C'est en effet à cette occasion que Tulving introduisit pour la première fois une distinction entre mémoire sémantique et mémoire épisodique. La signification de ces termes a beaucoup évolué en trente ans mais cette distinction a été dès lors largement acceptée parce qu'elle a permis notamment une distinction claire entre les différentes connaissances du monde.

Au début des années 1970, la mémoire sémantique faisait référence à la compréhension et à l'utilisation du langage. En d'autres termes, elle concernait la mémoire des mots et des concepts. Aujourd'hui sa définition la plus répandue concerne la mémoire des concepts et des connaissances sur le monde indépendamment du contexte de leur acquisition. Pour sa part, la mémoire épisodique était définie initialement comme la mémoire des événements personnellement vécus, bien situés dans le temps et l'espace de leur acquisition. Cette définition n'a cessé d'évoluer et à l'heure actuelle la mémoire épisodique est considérée comme la mémoire qui permet de se souvenir des évé-

1. E. Tulving et W. Donaldson, *Organization of memory*, New York, Academic Press, 1972.

nements passés de sa vie. Comme le notait Tulving en 1983[1] : « La mémoire épisodique réalise exactement ce que les autres formes de mémoire ne font pas ou ne peuvent pas faire en permettant à l'individu de voyager mentalement dans son passé. La mémoire épisodique a évolué à partir des autres formes de mémoire, et obéit aux relations temporelles de ces constituants. L'individu fait quelque chose à un instant T1 et s'en souvient à l'instant T2. Mais la mémoire épisodique diffère des autres formes de mémoire au sens où à l'instant T2 elle ne permet pas seulement de se rappeler T1, elle est orientée vers le passé. »

En d'autres termes, l'instant T1 désigne l'encodage, alors que l'instant T2 correspond au rappel. Dans son ensemble, la récupération d'un souvenir en mémoire épisodique implique donc un voyage à la fois dans le temps et dans l'espace et va permettre d'avoir conscience des événements passés, y compris des émotions du moment, tout en les intégrant dans une action ou une pensée future. La notion de conscience de soi présente dans cette définition de la mémoire épisodique l'a faite qualifier par Tulving d'*autonoétique*, terme issu de la philosophie analytique (noèse signifiant « l'acte par lequel on pense »). Selon ces termes, la mémoire épisodique autonoétique signifie que l'individu prend conscience de sa propre identité et de son existence dans le temps subjectif allant du passé au futur.

1. E. Tulving, *Elements of episodic memory*, Oxford, Clarendon Press, 1983.

Pour sa part, la mémoire sémantique fait référence à une conscience *noétique* de l'existence du monde et des événements indépendamment du temps subjectif. Elle va permettre une réflexion introspective sur le monde, sans que l'objet qui y donne lieu soit perceptivement présent comme dans le cas de la mémoire épisodique, mais sans l'impression de reviviscence qui caractérise cette dernière.

De très nombreux travaux en neuropsychologie sont venus confirmer la distinction entre mémoire sémantique et mémoire épisodique du moins jusqu'à la fin des années 1990. Depuis lors, deux grands modèles de classification des différents systèmes de mémoire co-existent et alimentent un nombre considérable d'études en neuropsychologie et en neuroimagerie : le modèle paralléliste de Squire et le modèle monohiérarchique de Tulving.

2. **La mémoire déclarative/explicite et la mémoire procédurale/implicite : le modèle paralléliste de Squire.** – Le modèle proposé par Larry Squire dès le début des années 1980 provient à l'origine du domaine de l'intelligence artificielle et de la distinction entre les connaissances déclaratives et procédurales[1]. L'observation d'une préservation des capacités d'apprentissage et de mémoire dans les syndromes amnésiques a également conduit les neuropsychologues à adopter

1. N. J. Cohen et L. R. Squire, Preserved learning and retention of pattern-analyzing skill in amnesia : Dissociation of knowing how and knowing that, *Science*, 210, 4466, 207-210, 1980.

une distinction entre mémoire déclarative et mémoire procédurale. Le modèle postule un fonctionnement en parallèle des deux systèmes (fig. II.3).

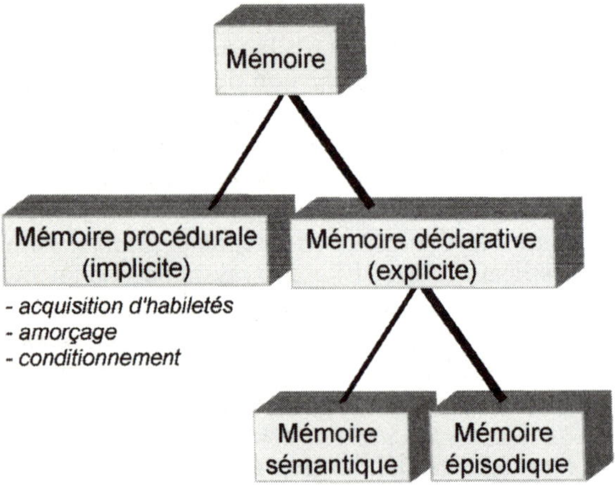


Fig. II.3. – Le modèle paralléliste de Squire

La mémoire déclarative concerne les informations facilement verbalisables et accessibles à la conscience. Ces informations peuvent être des connaissances générales (mémoire sémantique) ou spécifiques voire personnelles (mémoire épisodique). C'est donc une mémoire noétique, voire autonoétique pour la mémoire épisodique. La mémoire déclarative est synonyme de mémoire explicite. Même si les termes sémantique et épisodique sont accessoirement utilisés par Squire et les tenants de son modèle, ces concepts renvoient en fait à un même système mnésique[1].

La mémoire déclarative se différencie initialement de la mémoire procédurale, qualifiée ici de mémoire non déclarative et qui concerne l'apprentissage, l'acquisition progressive d'habiletés, leur stockage et leur restitution sans faire référence aux expériences passées. Puisque la mémoire non déclarative n'est accessible qu'au travers de la performance des sujets ou des patients engagés dans des conditions expérimentales à caractère implicite, Tulving les qualifie d'anoétiques, là où Squire ou bien encore Schacter parlent de mémoire implicite[2].

L'ajout des termes explicite/implicite souligne à nouveau la difficulté de trouver un consensus au sein des nombreux débats conceptuels voire parfois seulement terminologiques qui sèment la confusion à propos des distinctions entre les différentes formes de mémoire.

3. **Les modèles hiérarchiques de Tulving.** – À l'origine, le modèle par emboîtement proposé par Endel Tulving comprenait trois éléments : à la base, la mémoire procédurale, puis la mémoire sémantique, et enfin la mémoire épisodique au sommet (fig. II.4 A). Au début des années 1990, Tulving et Schacter adjoignirent deux autres systèmes, la mémoire de travail et le

1. L. R. Squire, B. Knowlton *et al.*, The structure and organization of memory, *Annual Review of Psychology*, 44, 453-495, 1993.
2. D. L. Schacter, C. Y. Chiu *et al.*, Implicit memory : A selective review, *Annu. Rev. Neurosci.*, 16, 159-182, 1993.

système de représentations perceptives (fig. II.4 B). Ce modèle hiérarchique en cinq systèmes propose une structuration harmonieuse de la mémoire humaine sur la base d'un grand nombre de données neuropsychologiques auxquelles viennent s'adjoindre les données de la neuroimagerie.

Le système de représentation perceptive[1], sous-tendant les effets d'amorçage perceptif est un ensemble de sous-systèmes qui traitent et représentent l'information relative à la forme et à la structure des mots ou des objets mais non à leur signification. Ils opèrent à un niveau pré-sémantique, c'est-à-dire qui ne nécessite pas d'accès à la signification.

Nous pouvons ainsi identifier le mot « table » dans un texte ou dans une phrase entendue, nous pouvons dire ce mot, sans immédiatement nous préoccuper de ce qu'il veut dire. De la même manière, nous pouvons retrouver l'image d'une table sans nous demander à quoi elle sert.

L'ordre de classification des cinq systèmes de mémoire suit, toujours selon Tulving, leur séquence présumée de développement. Il reflète également les relations entre les systèmes. Ainsi de nombreuses opérations des systèmes les plus élevés dans la hiérarchie dépendent des opérations des systèmes inférieurs.

Cependant, ce modèle s'est heurté à différentes observations neuropsychologiques dont celles provenant de patients atteints de démence sémantique et qui pré-

1. E. Tulving et D. L. Schacter, Priming and human memory systems, *Science*, 247-301-306, 1990.

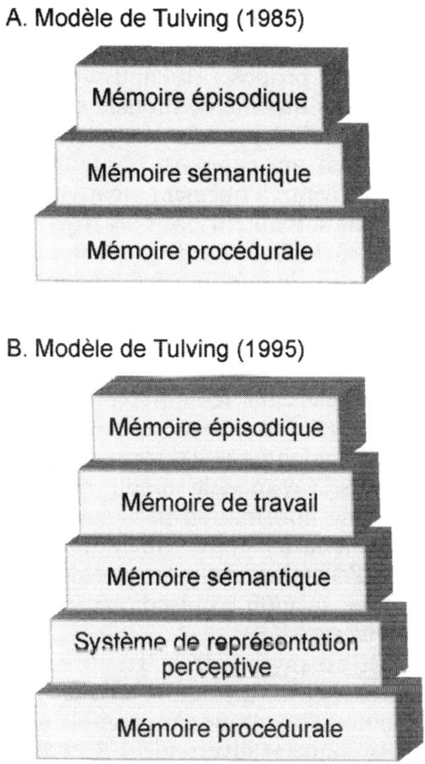


Figure II.4. – Les modèles « pyramidaux » de Tulving

Qu'ils comprennent 3 ou 5 systèmes de mémoire, ces modèles sont organisés de manière hiérarchique. Chaque système de mémoire, du plus élaboré (épisodique) au plus archaïque (procédural), dépend du système qui lui est inférieur.

sentent des perturbations de la mémoire sémantique sans trouble majeur de la mémoire épisodique. Ceci a conduit Tulving à proposer des aménagements de son modèle désormais qualifié de modèle SPI[1], c'est-à-dire Sériel, parallèle et indépendant. La particularité de ce modèle structural qui comporte toujours cinq systèmes organisés hiérarchiquement, mais qui a surtout était décliné par son auteur pour les trois systèmes de représentation à long terme (fig. II.5) est d'intégrer des concepts issus de l'approche fonctionnelle. Ainsi, l'encodage présente une dimension sérielle car l'encodage dans un système dépend de la qualité de l'encodage dans le système inférieur ; le stockage s'effectue en parallèle dans les différents systèmes et la récupération des informations stockées dans un système est indépendante de la récupération dans les autres systèmes. Ce modèle prédit notamment que l'encodage d'une information dans un système intermédiaire comme la mémoire sémantique peut s'effectuer même si l'encodage dans le système supérieur en l'occurrence la mémoire épisodique est déficitaire, mais non l'inverse.

Par contre, au niveau de la récupération, le modèle SPI permet d'envisager des troubles de la récupération en mémoire sémantique sans trouble notoire de la mémoire épisodique et inversement. Cet aspect est en désaccord avec le modèle de Squire qui prédit une atteinte conjointe de la mémoire pour les faits (séman-

1. E. Tulving, Episodic memory and common sense : How far apart ?, *Philos. Trans. R. Soc. Lond. B. Biol. Sci.*, 356, 1505-1515, 2001.

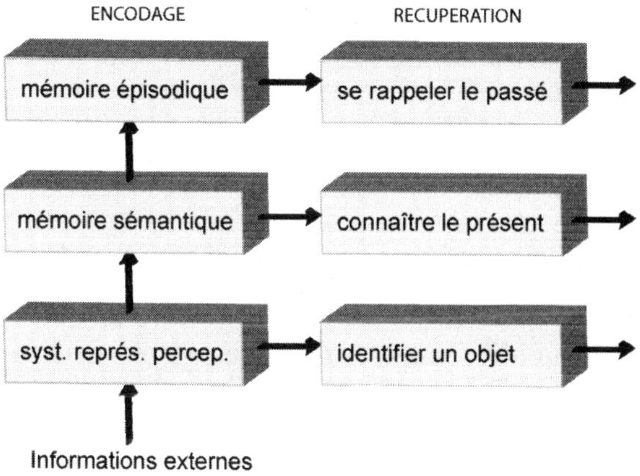


Fig. II.5. – Le modèle SPI de Tulving restreint aux 3 systèmes de représentation à long terme : système de représentation perceptive (SRP), mémoire sémantique et mémoire épisodique. L'encodage est sériel à partir du SRP, le stockage s'effectue en parallèle dans les différents systèmes, et la récupération de l'information est indépendante à partir des différents systèmes.

tique) et de celle des événements (épisodique). Les liens de ce modèle SPI avec la mémoire de travail restent également à préciser. Malgré cela, le modèle SPI présente la particularité d'intégrer enfin des données fonctionnelles et de ne plus reposer uniquement sur des études psychométriques chez les sujets sains et des observations chez les patients lésés. C'est ainsi qu'un grand nombre d'études en neuroimagerie sont venues confirmer, améliorer, mais également bouleverser la compréhension et la conception de ces systèmes de mémoire.

## IV. – Apport de la neuropsychologie expérimentale à la description de régions cérébrales impliquées dans différents systèmes de mémoire

La conception multi-système de la mémoire est étroitement liée aux observations faites en neuropsychologie chez des patients présentant un syndrome amnésique spécifique. La logique dissociative en a été le moteur essentiel. Rappelons que deux systèmes de mémoire peuvent être déclarés distincts lorsque plusieurs paramètres, et notamment une région endommagée du cerveau, affectent différemment les performances mnésiques d'un sujet au cours de tâches faisant appel à ces deux systèmes. Les descriptions cliniques d'amnésies sont innombrables. Elles peuvent toucher pour la mémoire déclarative tantôt la fixation d'informations nouvelles, tantôt le rappel de souvenirs anciens, déterminant ainsi une amnésie soit antérograde soit rétrograde.

La description il y a quasiment un demi-siècle d'un cas devenu célèbre d'amnésie essentiellement antérograde provoquée par l'ablation d'une partie du lobe temporal médian a permis de considérer ce dernier comme une région essentielle à différents systèmes de mémoire, notamment la mémoire épisodique/déclarative.

Une autre catégorie de lésions touchant plutôt la mémoire de travail a également permis d'identifier le lobe frontal comme une structure essentielle au fonctionnement des différents systèmes de mémoire.

Nous allons détailler ces structures anatomiques à

la lumière des études de neuropsychologie afin que le lecteur se familiarise avec l'anatomie. D'autres régions corticales pouvant apparaître comme moins essentielles dans diverses formes de mémoire seront présentées au chapitre suivant.

### 1. **Le lobe temporal médian.**

A) *Anatomie.* – Le terme d'hippocampe, ou de formation hippocampique, est utilisé fréquemment pour décrire la région temporale médiane dans son ensemble. C'est en réalité une structure relativement complexe. Le lobe temporal médian (LTM) se situe sur la face interne et inférieure du lobe temporal (fig. II.6 A). Il comprend l'hippocampe, le gyrus parahippocampique et l'amygdale se différenciant sur le plan de leurs connexions et de leur cytoarchitectonie, c'est-à-dire de l'arrangement et de la forme des cellules nerveuses dans les différentes couches du cortex temporal.

La région parahippocampique comprend les cortex parahippocampique et périrhinal (fig. II.6 et II.7). De nombreuses régions corticales unimodales et plurimodales, c'est-à-dire traitant d'une modalité sensorielle (uni-) ou de plusieurs à la fois (pluri-), se projettent sur la région parahippocampique. Cette dernière se projette à son tour via le cortex entorhinal sur la région hippocampique. L'hippocampe stricto sensu comprend le subiculum, la corne d'Ammon (CA1 à CA4) et le gyrus denté. Ces diverses structures sont interconnectées (fig. II.7) et toute lésion d'une de ces structures peut induire un déficit caractéristique d'un dysfonctionnement de la mémoire épisodique.

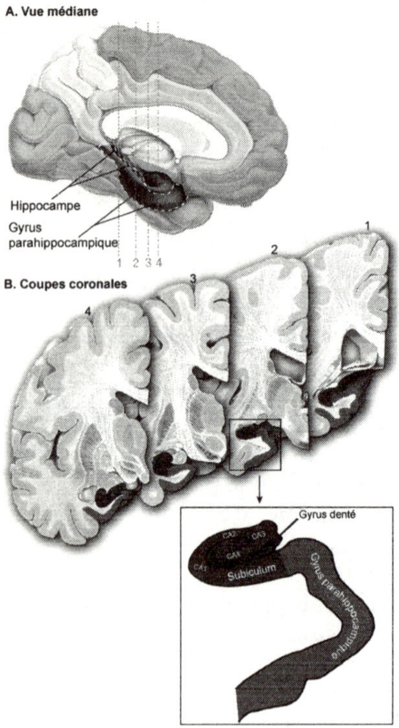


Fig. II.6. – Le lobe temporal médian. A. Vue médiane de l'hémisphère gauche du cerveau humain. Le gyrus parahippocampique et l'hippocampe (en pointillés) sont les deux structures du lobe temporal médian visibles sur cette vue. Ce dernier appartient au lobe limbique (en orange). Sont également représentés le lobe frontal (en rouge), le lobe pariétal (en vert), le lobe occipital (en jaune) et la partie latérale du lobe temporal (en bleu). B. Suivi de l'hippocampe et du gyrus parahippocampique sur des coupes coronales (1 à 4) passant par le lobe temporal médian (A). L'agrandissement issu de la coupe coronale n° 2 permet de situer les différentes structures qui composent l'hippocampe : le gyrus denté, la corne d'Ammon qui regroupe les champs pyramidaux CA1 à CA4, et le subiculum. Le gyrus parahippocampique est recouvert en avant par le cortex entorhinal qui se situe sur un plan antérieur à la coupe représentée.

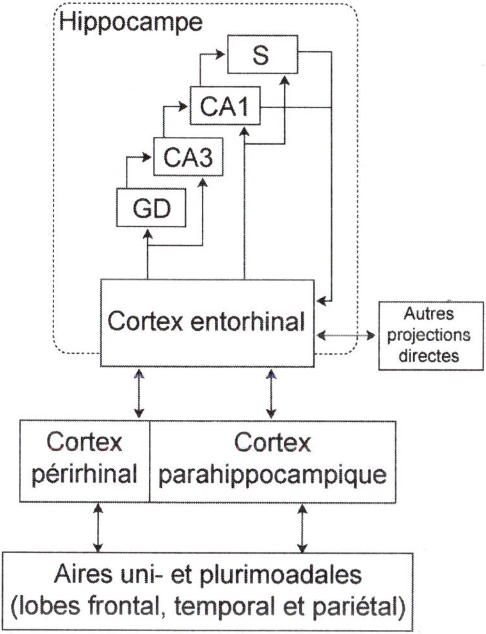


Fig. II.7. – Schéma du système de mémoire du lobe temporal médian. Le cortex entorhinal est la principale source des projections vers la région hippocampique (délimitée par les pointillés). L'hippocampe *stricto sensu* est composé du gyrus denté (GD), des champs pyramidaux de la corne d'Amon (CA1, CA3) et du subiculum (S). Ces structures sont interconnectées les unes aux autres comme l'indiquent les flèches. Le cortex entorhinal est à l'origine, via les cortex périrhinal et parahippocampique, du lien par connexions réciproques avec des aires uni- et plurimodales des lobes frontal, temporal et pariétal. Il reçoit également directement des projections issues du cortex cingulaire, de l'insula et du gyrus temporal supérieur.

B) *Le patient H. M.* – On attribut à M. von Bekhterev la première description en 1899 du rôle critique que pourraient jouer les lobes temporaux médians dans les processus de mémoire chez l'homme. Bekhterev présenta lors d'un congrès médical à Saint-Pétersbourg le cerveau d'une patiente qui souffrait d'un déficit important de mémoire corrélé à un ramollissement bilatéral du cortex temporal à hauteur de l'uncus, de l'hippocampe et des régions avoisinantes. Après cette découverte, d'autres descriptions de cas cliniques sont venues étayer l'hypothèse d'une relation entre désordre de mémoire et lésions hippocampiques, mais la preuve indiscutable de la contribution de cette région aux processus de mémoire est venue de l'étude méthodique de quelques patients devenus amnésiques après l'ablation chirurgicale du lobe temporal médian destinée à contrôler leurs crises d'épilepsie.

Le but n'est pas ici de décrire de façon exhaustive ces différents cas mais de montrer au travers du plus célèbre d'entre eux, H. M.., comment la notion de mémoires multiples a émergé de la description du syndrome d'amnésie antérograde et du rôle du lobe temporal médian.

H. M. a subi, à l'âge de 27 ans l'ablation d'une partie du système limbique, notamment du lobe temporal médian (fig. II.8)[1].

1. B. Milner, S. Corkin et H. L. Teuber, Further analysis of the hippocampal amnesic syndrome : 14-year follow-up study of H. M., *Neuropsychologia,* 6, 215-234, 1968.

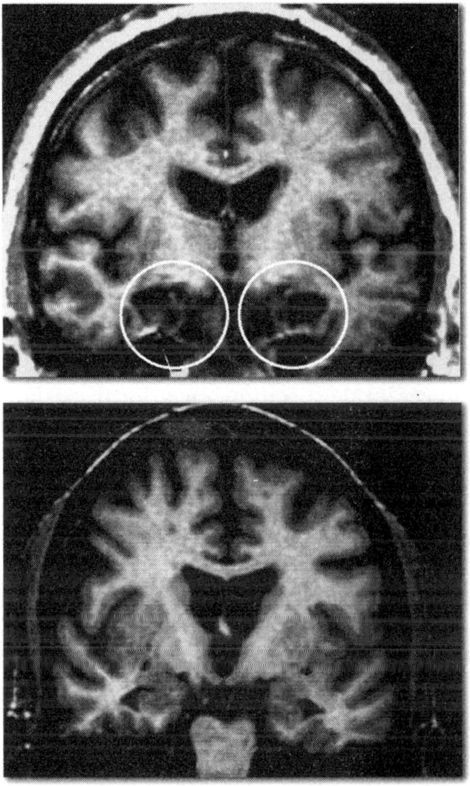

Fig. II.8. – Images anatomiques montrant l'ablation du lobe temporal médian chez le patient H. M., entouré en blanc. L'image du bas présente les mêmes structures sur un cerveau normal.

L'opération déjà pratiquée auparavant avec succès pour soulager de graves épilepsies, concernait pour la première fois les deux hémisphères. Les conséquences de cette ablation furent dramatiques. Depuis lors, en effet, H. M. souffre d'une amnésie antérograde sévère pour les expériences de la vie quotidienne, d'un déficit rétrograde limité aux deux ans qui précèdent l'intervention chirurgicale, alors que sa mémoire immédiate est intacte, et que d'autres capacités cognitives incluant le langage, la perception, le raisonnement ne sont pas affectées.

Les nombreuses observations effectuées sur H. M., ont édicté quatre principes essentiels. Tout d'abord, la capacité d'acquérir de nouveaux souvenirs est une fonction cérébrale spécifiquement localisée dans les lobes temporaux médians et dissociable des autres capacités perceptives et cognitives. Deuxièmement, les lobes temporaux médians ne sont pas nécessaires à la mémoire de travail. H. M. a une mémoire de travail parfaite. Il peut retenir un nombre ou une image pendant une courte période, et soutenir une conversation normale pourvu qu'elle ne dure pas trop longtemps ou ne concerne pas trop de sujets. Ensuite, le lobe temporal médian ne peut être le site de stockage définitif des souvenirs à long terme. H. M. peut parfaitement évoquer de nombreux événements de son enfance. Enfin, quatrième principe, les lobes temporaux médians ne sont pas essentiels à la mémoire procédurale. En effet, H. M. est parfaitement capable d'apprendre à tracer le contour d'une étoile en miroir, en s'améliorant de jour en jour comme un sujet sain. Seule différence, au début de chaque session d'apprentissage, il prétend n'avoir jamais effectué la tâche auparavant.

La démonstration de la préservation d'un apprentissage d'habilité motrice chez H. M. au cours des années 1960 est considérée comme la toute première preuve expérimentale de l'existence de plusieurs formes de mémoire. En 1968, Elizabeth K. Warrington et Lawrence Weiskrantz montrèrent qu'un apprentissage perceptif est également préservé malgré une amnésie antérograde sévère. Ils demandèrent à leurs patients d'identifier des séries de dessins au trait d'objets ou d'animaux dont les contours ont été supprimés[1]. C'est à l'origine une tâche relativement difficile avec la version la plus fragmentée des dessins, mais au fur et à mesure de la présentation des séries, les contours sont progressivement remplis jusqu'à ce que le sujet nomme l'objet ou l'animal représenté (fig. II.9). Lorsqu'on représente ces mêmes séries d'items une heure plus tard, les sujets sains s'améliorent considérablement en n'ayant besoin de beaucoup moins de contours pour nommer les différents items. Que cela soit avec la tâche des dessins au trait fragmenté ou une tâche analogue avec des mots fragmentés, E. K. Warrington et L. Weizkrantz trouvèrent que les patients amnésiques s'amélioraient également, même après un délai de quatre semaines entre les deux présentations et bien que les patients ne se souviennent

1. E. K. Warington et L. Weizkrantz, New method of testing long-term retention with special reference to amnesic patients, *Nature,* 217, 972-974, 1968.

Fig. II.9. – Exemples de dessins au trait et de mots fragmentés utilisés dans l'étude de Warrington et Weizkrantz (1968)

pas d'avoir effectué la tâche une première fois. Parmi les six patients testés, cinq souffraient d'un syndrome de Korsakoff provoqué par un alcoolisme chronique et le sixième était devenu amnésique après une ablation du lobe temporal droit.

Des résultats similaires furent obtenus avec le même type de matériel chez le patient H. M. même lorsque la seconde présentation des items fragmentés eut lieu quatre mois après la première. Cet effet à long terme d'une perception visuelle préalable fût tout d'abord appelé « apprentissage perceptif ». C'est un des tous premiers exemples de ce que l'on désigne aujourd'hui comme un effet d'amorçage *(priming)* qui est une forme particulière de mémoire procédurale, distincte de l'habilité motrice et qui, dans le cas présent fait appel à des aires corticales visuelles.

La distinction faite par Tulving entre mémoire épisodique et mémoire sémantique a tout naturellement était confrontée à l'analyse des déficits mnésiques d'H. M. et au rôle que pourrait jouer les lobes temporaux médians pour ces deux types de mémoire. Alors que chacun s'accorde sur le fait que la caractéristique la plus pertinente du syndrome amnésique est la perte de la mémoire épisodique, le statut de la mémoire sémantique a été et demeure matière à débat. Le fait qu'H. M. se souvienne de connaissances sémantiques apprises avant son opération indiqua tout d'abord que son système de mémoire sémantique a été épargné. Mais qu'en est-il des nouvelles connaissances qu'H. M. aurait pu malgré tout acquérir depuis le temps qu'il est amnésique ? Les connaissances factuel les d'H. M. se sont accrues notamment par le biais d'une exposition assidue à la télévision. Cela lui permet ainsi d'avoir des notions sur des informations postérieures à son opération comme par exemple les concepts d'astronautes et de voyage spatial, ou le fait de savoir qu'une personne célèbre appelée J. F. Kennedy a été assassinée..., mais ces nouvelles connaissances sont peu nombreuses et peu fiables. Il semble donc que le lobe temporal médian joue également un rôle dans l'acquisition des connaissances sémantiques tout comme il est essentiel à la mémoire épisodique.

C'est en 1997 qu'une étude portant sur les amnésies de développement[1] (ou syndrome amnésique chez l'enfant) a relancé le débat à propos du rôle du lobe temporal médian et de l'opposition entre mémoire épisodique et mémoire sémantique. Les amnésies de développement concernent des enfants souffrant de lésions néonatales de la formation hippocampique. Examinés à l'âge adulte, ils ont acquis le langage et de nombreuses connaissances sur le monde malgré la sévérité de leur amnésie. La capacité d'acquérir de nouvelles connaissances chez des patients souffrant d'un syndrome amnésique survenu à l'âge adulte avait bien été décrite mais sans pouvoir conclure car ces nouvelles connaissances intégraient des savoirs antérieurs à la pathologie. Les études effectuées chez les enfants amnésiques ont indiqué que ces connaissances pouvaient

1. F. Vargha-Khadem, D. G. Gadian, K. E. Watkins, A. Connelly, W. Van Paesschen et M. Mishkin, Differential effects of early hippocampal pathology on episodic and semantic memory, *Science,* 277, 376-380, 1997.

être acquises malgré tout et remettaient en cause le rôle des régions temporales médianes dans la formation des connaissances sans souvenir. Pour les auteurs de ces travaux, ces observations vont dans le sens d'une distinction entre mémoire épisodique et mémoire sémantique[1]. Au contraire, L. Squire et S. Zola s'appuyèrent sur ces données pour affirmer que la mémoire épisodique et la mémoire sémantique ne sont pas distinctes mais seraient deux formes de mémoire appartenant à un même système dit « déclaratif »[2].

Jusqu'à présent, le lobe temporal médian a été présenté comme une région essentielle à certains systèmes de mémoire en s'intéressant à l'amnésie antérograde qui représente l'aspect le plus remarquable et le plus invalidant du syndrome amnésique lié au lobe temporal médian. Mais tous les patients présentant des lésions hippocampiques bilatérales souffrent à des degrés divers d'une amnésie rétrograde touchant la période préopératoire de quelques mois à plusieurs années, tout en préservant une capacité apparemment normale de rappel d'événements plus anciens et de connaissances sémantiques plus précocement acquises. Ces observations ont favorisé l'hypothèse selon laquelle la région hippocampique est nécessaire à la formation des souvenirs et à leurs premières phases de consolidation mais qu'au final d'autres régions corti-

1. M. Mishkin, W. A. Suzuki *et al.*, Hierarchical organization of cognitive memory, *Philos. Trans. R. Soc. Lond. B. Biol. Sci.*, 352, 1360, 1461-1467, 1997.

2. L. R. Squire et S. M. Zola, Episodic memory, semantic memory, and amnesia, *Hippocampus*, 8, 205-211, 1998.

cales seraient responsables du stockage et de la récupération en mémoire. Certains auteurs préfèrent considérer que chaque événement autobiographique possède une trace dans l'hippocampe et qu'en l'absence de ce dernier, la qualité et les détails des souvenirs lointains sont appauvris[1]. Le débat est loin d'être clos à ce sujet, d'autant qu'il est difficile d'étudier la mémoire lointaine chez des patients amnésiques que le clinicien rencontre le plus souvent pour la première fois après l'opération. L'apport des méthodes de neuroimagerie trouve ici tout son sens en permettant l'étude des souvenirs lointains chez des sujets sains. Grâce à cette approche, la question du rôle du lobe temporal médian dans la mémoire lointaine a pris récemment une autre dimension en s'intéressant aux différences hémisphériques.

### 2. **Le lobe frontal.**

A) *Anatomie.* – Le lobe frontal, situé à l'avant du cerveau, correspond classiquement au cerveau de « l'action ». Il contient dans sa partie la plus postérieure, les cortex moteur et prémoteur dont le rôle est de préparer et de contrôler l'exécution des mouvements volontaires ; et dans sa partie la plus antérieure, le cortex préfrontal constitué de régions plurimodales (fig. II.10).

1. L. Nadel et M. Moscovitch, Memory consolidation, retrograde amnesia and the hippocampal complex, *Curr Opin. Neurobiol.*, 7, 217-227, 1997.

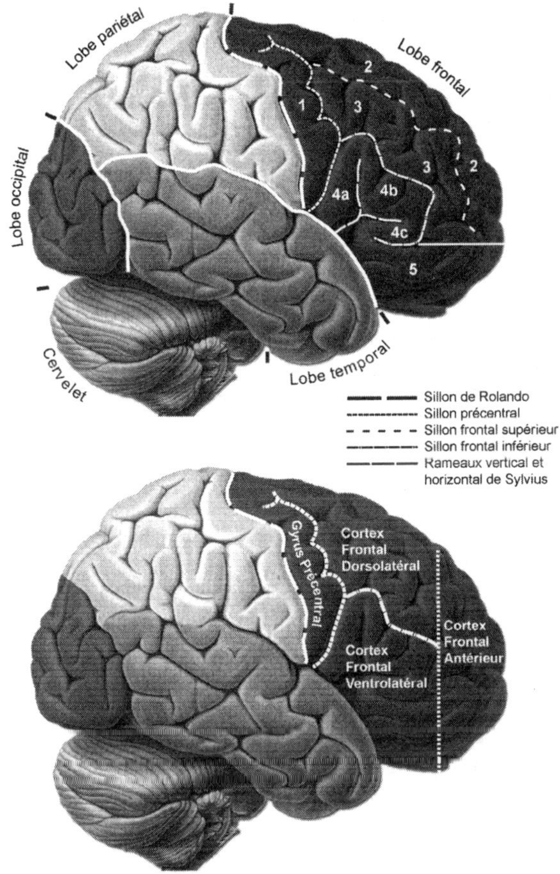


Fig. II.10. A. Anatomie corticale externe du lobe frontal. D'arrière en avant, on observe le gyrus précentral (1) compris entre les sillons de Rolando et précentral comprend les cortex moteur et prémoteur. Le gyrus frontal supérieur (2) est le plus haut. En dessous se trouve le gyrus frontal moyen (3) qui lui est parallèle. Enfin le gyrus frontal inférieur, qui correspond à la région antérieure du langage, c'est-à-dire l'aire de Broca lorsqu'il s'agit de l'hémisphère gauche, a un aspect trifolié avec ses trois parties : operculaire (4a) triangulaire (4b) et orbitaire (4c). B. Le tracé en pointillé délimite les cortex frontaux dorsolatéral, ventrolatéral et antérieur.

L'anatomie des principaux gyrus sur la convexité du lobe frontal est relativement constante d'un individu à l'autre. La figure II.10 présente ces différents gyrus et sillons frontaux, ainsi que les limites de ce qu'il est convenu d'appeler le cortex frontal dorsolatéral, ventrolatéral et antérieur.

On attribue aux travaux d'Alexander Luria à la fin des années 1960 la particularité d'avoir attribué au lobe frontal un rôle prépondérant dans l'activité cognitive de l'homme. Pour Luria, c'est en effet grâce au lobe frontal que s'organise la capacité à gérer notre activité : programmation, régulation et vérification des actions[1]. En termes de processus de traitement de l'information, cette capacité serait sous la responsabilité d'un système que certains auteurs considèrent en termes de mémoire. C'est le cas par exemple du fonctionnement de l'administrateur central de la mémoire de travail proposé par A. Baddeley[2]. C'est aussi en termes de mémoire, avec la notion d'intégration temporelle du comportement que Joaquin Fuster appréhende les difficultés des patients porteurs de lésions frontales[3].

Il existe une multitude de travaux consacrés aux troubles de la mémoire des patients porteurs de lésions frontales et en faire la liste serait fastidieux. Une

1. A. R. Luria, *Les troubles de la résolution de problèmes,* Paris, Gauthier-Villars, 1967.

2. A. Baddeley, *Working memory,* Oxford, Clarendon Press, 1986.

3. J. Fuster, The prefrontal cortex, Anatomy, *Physiology and neuropsychology of the frontal lobe,* New York, Raven Press, 1989.

manière d'appréhender le rôle essentiel du lobe frontal dans les mécanismes de mémoire consiste à confronter les lésions frontales aux différents types de mémoire. Les travaux que nous allons évoquer reposent tour à tour sur des tâches de mémoire à long terme puis de mémoire de travail.

B) *Troubles mnésiques liés à des lésions frontales.* – Jusqu'aux années 1980, l'existence de troubles de la mémoire à long terme à la suite d'une lésion frontale a été l'objet de nombreuses controverses. Il apparaissait notamment que les patients porteurs de ces lésions ne présentaient pas de difficultés importantes dans des épreuves de mémoire à long terme. Cependant, depuis vingt ans, la présence de difficultés mnésiques liée à une lésion d'une région frontale s'est peu à peu précisée. De telles lésions peuvent affecter spécifiquement les stratégies d'organisation lors de l'encodage, ou lors de la récupération. Mais elles peuvent également toucher la formulation de description des souvenirs qui nécessite d'accéder à l'information stockée en mémoire épisodique, ainsi que les processus de vérification de l'information récupérée, c'est-à-dire la manière dont les informations rappelées seront évaluées, manipulées ou transformées[1].

Un test de reconnaissance, au cours duquel les items étudiés sont re-présentés parmi de nouveaux

1. M. A. Wheeler, D. T. Stuss et E. Tulving, Frontal lobe damage produces episodic memory impairment, *J. Int. Neuropsychol. Soc.*, 1, 525-536, 1995.

items distracteurs, requiert un minimum de stratégie ou de jugement car les items étudiés peuvent être identifiés facilement sur la base de leur familiarité avec le stimulus. Des patients avec lésions frontales réalisent correctement, ou montrent un déficit très modeste dans les tests de reconnaissance. D'autres tests peuvent requérir une plus grande organisation ou plus de détail pour être réalisés avec succès. Les tests de rappel libre demandent aux sujets de mettre en place leur propre stratégie pour se remémorer les informations antérieures. Une stratégie utile pour améliorer le rappel d'une liste de mots est, par exemple, de réorganiser subjectivement les mots par groupe de mots sémantiquement liés (les fruits, les véhicules...). Les patients avec des lésions frontales, malgré leur succès au test de reconnaissance, sont très perturbés dans les tests en rappel libre car ils souffrent d'un déficit dans l'organisation subjective des informations.

Les lobes frontaux semblent également tenir un rôle important dans l'encodage contextuel en particulier pour des paramètres comme l'espace ou le temps. Les sujets porteurs de lésions frontales sont ainsi en difficulté lorsqu'ils doivent évaluer la fréquence avec laquelle des dessins abstraits ont été présentés, bien qu'ils n'aient pas de problème pour reconnaître si un dessin en particulier a été déjà ou non examiné. Des observations analogues ont été faites pour des tâches de localisation spatiale utilisant des dessins ou des mots. Une lésion frontale peut également entraîner un déficit de mémoire pour l'ordre d'apparition d'événements récents, ou bien concerner la capacité d'attribuer la source d'une information récupérée en mémoire, aussi appelée « amnésie source ».

Malgré le fait qu'on utilise ici le terme d'amnésie, on constate que les déficits en mémoire liés à des lésions frontales ne conduisent pas à un syndrome amnésique de type temporal médian. Les déficits de mémoire après lésion frontale ne concernent pas la fixation ou la rétention d'information à long terme, qui sont des fonctions hippocampiques, mais les processus d'organisation et de stratégie de la réponse. Si la région hippocampique peut être considérée comme la structure « brute » pour la mémoire, on dit du lobe frontal qu'il « travaille avec ce matériel ».

C'est avec un autre type de mémoire, la mémoire de travail, que l'identification du lobe frontal comme région cérébrale essentielle aux processus de mémoire s'est finalement imposée. Et c'est une toute autre sorte d'approche s'appuyant sur des observations chez l'animal qui a prévalu à cette reconnaissance.

Dès 1936, C. F. Jacobsen découvrit des déficits dans une tâche de réponse différée après ablation du lobe frontal chez le singe. Au cours de cette tâche, l'animal devait choisir l'objet qui lui avait préalablement permis d'obtenir une récompense à partir d'une paire d'objet[1]. Cette tâche et ses variantes appelées tâches d'appariement différé d'un stimulus *(delayed matching-to-sample)* font aujourd'hui référence en

1. C. F. Jacobsen, Studies of cerebral function in primates. I. The functions of the frontal associations areas in monkeys, *Comp. Psychol. Monogr.*, 13, 3-60, 1936.

matière d'étude de la mémoire de travail. Leur particularité réside dans le fait qu'un stimulus ayant été pertinent lors d'un essai peut devenir non pertinent l'essai suivant, ce qui induit une notion d'interférence entre les essais et différencie cette tâche d'une simple tâche de reconnaissance.

Comme nous le verrons dans les chapitres suivants, c'est l'avènement de la neuroimagerie qui a permis de créditer le cortex frontal d'un rôle central dans les processus de mémoire de travail.

Les études de lésions conduites avant cela avaient toutefois montré que des lésions frontales n'empêchaient pas forcément la bonne exécution de tâches faisant appel à la mémoire de travail.

Soixante cinq ans plus tard, le rôle exact des lobes frontaux dans des tâches de mémoire de travail fait encore débat. Ce débat concerne la distinction entre les différents traitements d'information effectués en mémoire de travail comme les stratégies d'encodage, de stockage ou de maintien, et d'exploration des contenus en mémoire de travail.

Chapitre III

# NEUROIMAGERIE FONCTIONNELLE DE LA MÉMOIRE

L'étude des bases neurales de la mémoire et de l'apprentissage peut être abordée à des niveaux très différents – allant des molécules aux systèmes intégrés – avec des méthodes tout aussi différentes – allant de la biologie moléculaire et cellulaire aux techniques de neuroimagerie anatomique et fonctionnelle[1]. Ce chapitre a pour but de décrire les bases neurales des différents systèmes de mémoire du point de vue des observations faites chez l'homme sain en neuroimagerie fonctionnelle, initialement en tomographie par émission de positons (TEP) puis en imagerie par résonance magnétique fonctionnelle (IRMf).

L'idée princeps des études de neuroimagerie fonctionnelle est simple : à des activités mentales distinctes correspondent l'activité de régions cérébrales distinctes. Pendant qu'un sujet accomplit une tâche cognitive donnée, on mesure le débit sanguin cérébral (en TEP) ou le taux d'oxygénation du sang (en IRMf). Les variations du débit sanguin ou du taux d'oxygénation étant

1. L. Squire et E. Kandel, *La mémoire. De l'esprit aux molécules,* Paris, Champs-Flammarion, 2005.

corrélées à celle de l'activité neuronale, ces techniques fournissent des cartes d'activation correspondant à l'activité neuronale des régions du cerveau mises en jeu par la tâche que le sujet est en train d'accomplir.

La méthode la plus utilisée pour « visualiser » le fonctionnement du cerveau est la méthode soustractive consistant à comparer les cartes d'activation cérébrale correspondant à deux tâches cognitives, A – B. Les différences de débit sanguin cérébral entre ces deux cartes reflètent alors les processus cognitifs présents dans la tâche A par rapport à la tâche B, et donc les différences entre les deux tâches. Les méthodes d'imagerie cérébrale proprement dites ont récemment fait l'objet d'un ouvrage dans cette même collection[1]. Le lecteur y trouvera une description détaillée de chacune d'elles ainsi que leurs apports et leurs limites au regard du considérable corpus de données qu'elles ont fourni depuis une vingtaine d'années.

En mai 2006, à la requête « rechercher les articles traitant de la mémoire humaine en TEP ou en IRMf », le célèbre moteur de recherche bibliographique, PubMed Central (http://www.ncbi.nlm.nih.gov/entrez/), renvoie à près de 3 590 articles en langue anglaise ou française. Des centaines d'études étaient donc potentiellement appropriées pour passer en revue les bases neurales des différents systèmes de mémoire, et par nécessité, il a fallu être drastiquement sélectif. Afin de

1. Voir pour une présentation des méthodes d'imagerie cérébrale, de leurs apports et de leurs limites, B. Mazoyer, *L'imagerie cérébrale fonctionnelle*, Paris, PUF, « Que sais-je ? », n° 3628, 2001.

fournir un aperçu des connaissances actuelles les plus pertinentes sur la mémoire humaine, les bases neurales de la mémoire épisodique, de la mémoire sémantique, de la mémoire de travail et de la mémoire procédurale sont présentées dans ce chapitre. La manière dont ces différents systèmes interagissent, coopèrent et même dans certain cas entrent en conflit, en fonction des situations particulières auxquelles un sujet est confronté, fera l'objet du chapitre suivant.

D'un point de vue général, l'histoire de la neuroimagerie fonctionnelle de la mémoire est récente mais intense. C'est en 1988 que parut la toute première étude en TEP concernant la mémoire sémantique en incluant une condition de génération silencieuse de verbes parmi d'autres tâches étudiées de langage[1]. Les premières études en TEP sur la mémoire épisodique[2] et la mémoire procédurale[3] ont été publiées en 1992, celle sur la mémoire de travail suivra l'année suivante[4]. Avec l'arrivée au milieu des années 1990 d'une nou-

1. S. E. Petersen, P. T. Fox, M. I. Posner, M. Mintun et M. E. Raichle, Positron emission tomographic studies of the cortical anatomy of single-word processing, *Nature,* 331, 585-589, 1988.

2. L. R. Squire, J. G. Ojemann, F. M. Miezin, S. E. Petersen, T. O. Videen et M. E. Raichle, Activation of the hippocampus in normal humans : A functional anatomical study of memory, *Proc. Natl. Acad Sci.,* États-Unis, 89, 1837-1841, 1992.

3. S. T. Grafton, J. C. Mazziotta, S. Presty, K. J. Friston, R. S. J. Frackowiak et M. E. Phelps, Functional anatomy of human procedural learning determined with regional cerebral blood flow and PET, *J. Neurosci.,* 12, 2542-2548, 1992.

4. E. Paulesu, C. D. Frith et R. S. J. Frackowiak, The neural correlates of the verbal component of working memory, *Nature,* 362, 342-345, 1993.

velle technique, l'IRMf, plus simple d'utilisation, produisant des images du fonctionnement cérébral de meilleure résolution et à un moindre coût, le champ d'investigation de la neuroimagerie fonctionnelle a véritablement explosé. Au fur et à mesure que la neuroimagerie s'est affirmée comme une discipline à part entière de recherche sur le cerveau, la sophistication théorique et méthodologique des études s'est accrue, permettant un véritable échange d'idées avec la psychologie cognitive, jusqu'alors seule discipline de référence pour l'étude de la mémoire humaine.

## I. – Les bases neurales de la mémoire épisodique

La mémoire épisodique est un système de mémoire déclaratif et explicite utilisé pour se rappeler les expériences personnelles stockées dans leur propre contexte. Jusqu'à l'avènement des méthodes de neuroimagerie, les bases neurales de la mémoire épisodique ont été déduites de l'interprétation des effets de lésions cérébrales sur les performances en mémoire épisodique. D'une manière générale, toutes les parties du cerveau contribuent de près ou de loin à la mémoire épisodique. Ainsi, faire appel à la mémoire épisodique sur des mots présentés visuellement requiert que le système visuel traite correctement la perception de ces mots et que le système du langage traite correctement leur compréhension. En conséquence, certains domaines particuliers de la mémoire épisodique vont dépendre de l'intégrité d'autres systèmes cognitifs et sensoriels. Des altérations spécifiques de ces autres systèmes entraîneront des déficits spécifiques de la mémoire épisodique (visuel mais pas auditif, ou verbal mais pas visuo-spatial). Parmi toutes les régions cérébrales impliquées dans la mémoire épisodique, un nombre finalement assez restreint d'entre elles représente l'engramme, c'est-à-dire la trace laissée dans le cerveau par l'épisode vécu. Ce sont les lobes temporaux médians et les lobes frontaux qui vont ainsi abriter les activations cérébrales spécifiques qui constituent la base biologique de la mémoire d'un épisode.

Au regard de la prépondérance de la littérature sur les conséquences des lésions du lobe temporal médian et du lobe frontal sur la mémoire épisodique, la description des bases neurales de ce type de mémoire sera ici centrée sur ces deux régions corticales. D'autres régions sont cependant également activées lors de la mise en jeu de la mémoire épisodique. Cela concerne le cingulum antérieur, les régions médianes postérieures (cunéus et précunéus), le cortex temporal latéral et le cervelet[1] (fig. III.1).

La mémoire épisodique est généralement étudiée par des tests directs de rappel libre, de rappel amorcé ou de reconnaissance. Les sujets sont exposés visuellement et/ou auditivement à un ensemble de matériel (mots, phrases, images) dans une première partie de

1. R. Cabeza et L. Nyberg, Imaging cognition II : An empirical review of 275 PET and fMRI studies, *J. Cogn. Neurosci.*, 12, 1-47, 2000.

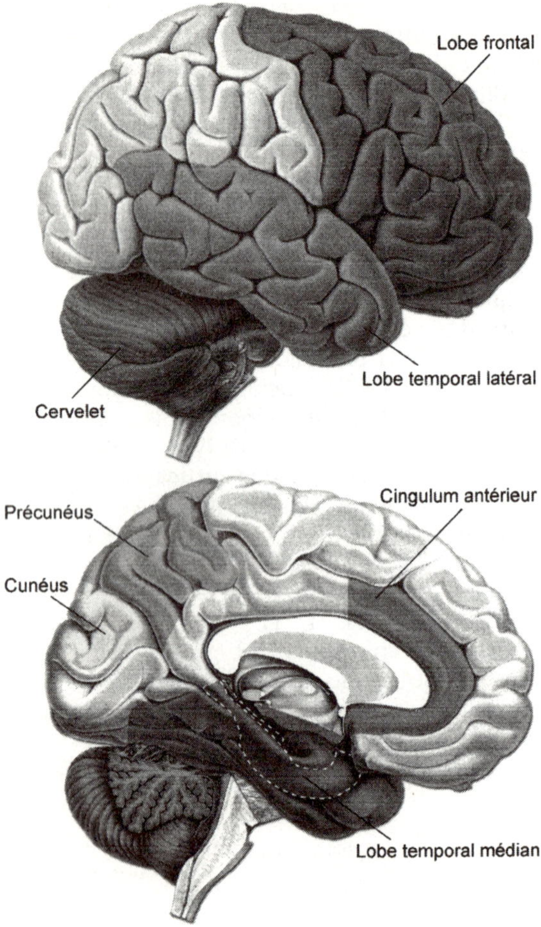


Fig. III.1. – Les structures cérébrales impliquées dans la mémoire épisodique

l'étude, puis lors de la phase de test proprement dite, on leur demande de se rappeler ou de reconnaître quels stimuli ont été vus ou entendus au cours de la première phase de l'expérience.

Sur la base des études en neuropsychologie chez le patient lésé (voir p. 48), l'activation du lobe temporal médian lors de tâches d'encodage et/ou de récupération en mémoire épisodique était logiquement attendue avec les premières études en neuroimagerie. Par ailleurs, ces mêmes tâches pourraient conduire à des activations frontales plus subtiles, voire absentes dans le cas de test de reconnaissance. En fait, c'est tout l'inverse qui s'est produit. Malgré la robustesse des effets lésionnels du lobe temporal médian sur les performances en mémoire épisodique, la recherche d'activations temporales médianes et/ou hippocampiques dans les premières études en neuroimagerie testant cette forme de mémoire s'est révélée décevante. Mais le fait de ne pas détecter d'activation du lobe temporal médian au cours d'une tâche de mémoire épisodique n'impliquait pas forcément que cette structure n'était pas activée. Ceci était en fait lié à la méthode soustractive utilisée avec ces techniques. En effet, si le lobe temporal médian s'active de manière comparable lors de l'encodage et lors de la récupération d'informations en mémoire épisodique, la comparaison soustractive entre encodage et récupération empêche d'observer toute activation mesurable de cette structure. Il a donc fallu élaborer des conditions de contrôle plus sélectives ou bien abandonner l'approche soustractive au bénéfice d'une méthode de corrélation mettant en relation le niveau d'activation cérébrale avec la réalisation d'une tâche par le sujet[1].

Au contraire du lobe temporal médian, l'implication des lobes frontaux au fonctionnement de la mémoire épisodique, bien moins prédite par les études lésionnelles, a pleinement bénéficié du développement de la neuroimagerie fonctionnelle. En fait, plutôt que d'être responsables de la rétention d'information, les lobes frontaux jouent un rôle dans l'acquisition, autrement dit l'encodage de l'information. Ils sont également mis en jeu lors de la récupération d'informations en l'absence du contexte ayant permis leur mémorisation et lors de l'estimation de l'ordre dans lequel ces informations ont été acquises. Ils concernent également le niveau d'ancienneté des événements mémorisés.

Diverses études ont également montré que le lobe temporal médian gauche et le lobe frontal gauche sont plus activés lorsqu'une personne apprend des mots, alors que les lobes temporal médian et frontal droits sont plus actifs lorsqu'elles apprennent des scènes visuelles. L'une des raisons pour lesquelles les lobes frontaux sont importants pour l'encodage en mémoire épisodique, c'est qu'ils permettent au sujet de se focaliser sur les informations dont il faut se souvenir et qui vont engager le lobe temporal médian. Un dysfonctionnement frontal peut causer un déficit de mémoire

1. P. C. Fletcher, C. D. Frith et M. D. Rugg, The functional neuroanatomy of episodic memory, *Trends Neurosci.*, 20, 213-218, 1997.

épisodique aussi bien que de faux souvenirs, comme des informations associées au mauvais contexte ou à des détails spécifiques incorrects.

Les différences fonctionnelles entre les lobes temporaux médians et les lobes frontaux peuvent être schématisés de la manière suivante : les lobes frontaux sont comparables à un archiviste employé au classement des informations en mémoire épisodique, les lobes temporaux médians sont alors les classeurs de la mémoire de faits récents et les autres régions du cerveau représentent les classeurs de la mémoire de faits anciens. En conséquence, si les lobes frontaux sont altérés, il est difficile mais pas impossible d'obtenir des informations issues ou non de la mémoire épisodique. Mais ces informations peuvent être distordues, les rendant imprécises et parfois totalement inappropriées à la situation. Si, par contre, les lobes temporaux médians sont totalement dysfonctionnels, il sera impossible à toute information récente d'être retenue. Les souvenirs anciens qui ont été consolidés en plusieurs mois, voire années, sont supposés stockés dans les autres régions corticales et seront donc accessibles même avec les lobes temporaux médians endommagés.

Les activations du lobe temporal médian sont associées aux phases d'encodage en mémoire épisodique avec une prépondérance pour le lobe temporal médian gauche lorsque le matériel utilisé est verbal, pour le lobe temporal médian droit pour les stimuli non verbaux, et bilatéralement lorsque les stimuli sont non verbaux mais aisément identifiables par des mots. Les activations du LTM se retrouvent également associées à la récupération avec succès d'information en mémoire épisodique.

Historiquement, il revient à nouveau à E. Tulving et ses collaborateurs à Toronto d'avoir mis en évidence, en TEP, l'activation différentielle des cortex frontaux gauche et droit dans des expériences d'encodage et de rappel en mémoire épisodique. Les études de T. Shallice et P. Fletcher à Londres et celles de L. Squire et R. Buckner à Saint-Louis parues presque simultanément ont confirmé pour l'essentiel les données des auteurs canadiens. Le modèle HERA (pour *Hemispheric Encoding / Retrieval Asymmetry* ; asymétrie hémisphérique des processus d'encodage et de récupération) est alors né de ces premières études TEP[1]. Le modèle HERA suppose une forte implication des lobes frontaux dans les processus de mémoire épisodique, confirmant ainsi les hypothèses émises initialement par D. Schacter et L. Squire quelques années auparavant. Selon ce modèle, le cortex frontal ventrolatéral gauche est plus impliqué que le droit dans l'encodage d'informations en mémoire épisodique, alors que le cortex frontal ventrolatéral droit

1. E. Tulving, S. Kapur, F. I. Craik, M. Moscovitch et S. Houle, Hemispheric encoding/retrieval asymmetry in episodic memory : Positron emission tomography findings, *Proc. Natl. Acad. Sci.,* États-Unis, 91, 2016-2020, 1994 ; T. Shallice, P. Fletcher, C. D. Frith, P. Grasby, R. S. J. Frackowiak et R. J. Dolan, Brain regions associated with acquisition and retrieval of verbal episodic memory, *Nature,* 368, 633-635, 1994 ; R. L. Buckner, S. E. Petersen, J. G. Ojemann, F. M. Miezin, L. R. Squire et M. E. Raichle, Functional anatomical studies of explicit and implicit memory retreival tasks, *J. Neurosci.,* 15, 12-29, 1995.

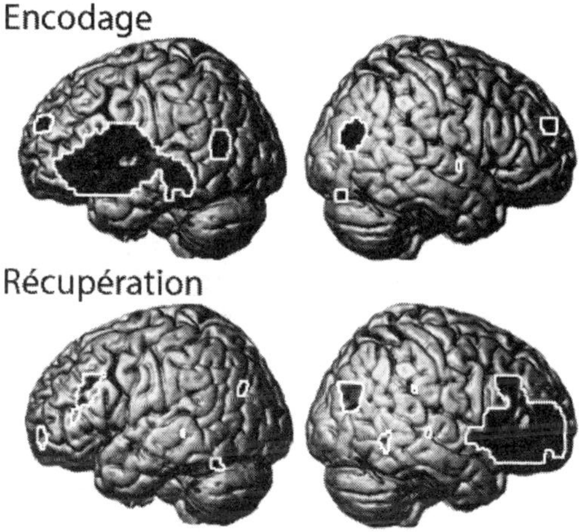


Fig. III.2. – Activations issues d'une étude en TEP comparant l'encodage et la récupération d'informations en mémoire épisodique. Le cortex frontal ventrolatéral gauche s'active préférentiellement lors de l'encodage alors que son homologue droit s'active lors de la récupération.

est plus impliqué que le gauche dans la récupération de ces informations (fig. III.2).

Un nombre important d'études en TEP, puis en IRMf a confirmé l'existence de cette asymétrie des processus d'encodage et de récupération[1]. Des exceptions sont cependant apparues, suggérant que l'asymétrie

1. R. Cabeza et L. Nyberg, Imaging cognition II : An empirical review of 275 PET and fMRI studies, *J. Cogn. Neurosci.*, 12, 1-47, 2000.

des activations frontales du modèle HERA refléteraient la nature du matériel impliqué dans la comparaison des tâches (verbal *versus* non verbal) plutôt que le processus (encodage *versus* récupération). Ainsi, que cela soit pour une tâche d'encodage ou une tâche de récupération l'utilisation d'un matériel verbal induit une activation préférentielle du cortex frontal ventrolatéral gauche alors qu'un matériel non verbal (objet, visage...) entraîne une activation frontale ventrolatérale droite[1]. Ces observations ont conduit à une remise en cause du modèle HERA. L'asymétrie observée avec ces tâches de mémoire proviendrait alors du type de matériel dont il faut se souvenir et les processus encodage/récupération serviraient au mieux à moduler cette asymétrie. Ou bien encore, l'asymétrie entre encodage et récupération ne serait qu'apparente, reflétant seulement le fait que l'encodage serait un processus plutôt verbal alors que la récupération le serait moins. À l'heure actuelle, le débat n'est pas tranché et au final il n'y a pas de raison que les deux formes d'asymétrie ne puissent pas co-exister dans le cortex frontal.

Dans ce cadre de réflexion sur la validité du modèle HERA, une revue détaillée d'une série d'études en TEP portant sur des tâches de reconnaissance épisodique a permis d'identifier dans le cerveau six sites dif-

1. A. D. Wagner *et al.*,Material-specific lateralization of prefrontal activation during episodic encoding and retrieval, *Neuroreport,* 9, 3711-3717, 1998 ; A. C. Lee *et al.,* Asymmetric frontal activation during episodic memory : The effects of stimulus type on encoding and retrieval, *Neuropsychologia,* 38, 677-692, 2000.

férents liés au mode de récupération[1]. Chacun de ces sites a été défini comme une région cérébrale plus active lors de la récupération épisodique que lors de l'encodage épisodique, et active de la même manière que la récupération soit un succès ou un échec. Ces six sites se trouvent dans les lobes frontaux pour cinq d'entre eux, les trois principaux du côté droit (cortex frontal dorsolatéral, ventrolatéral, et antérieur) et deux plus petits du côté gauche (cortex frontal ventrolatéral et antérieur), et le sixième site se trouve dans le cortex cingulaire antérieur. Aucun autre site similaire n'existe dans le reste du cerveau.

Bien que cette revue rassemblant au total les données de 53 sujets indique que le mode de récupération épisodique implique un grand nombre de processus différents, il n'a pas été possible de relier un processus donné ou un ensemble de processus à l'activation d'un site particulier. La théorie épisodique permet d'imaginer qu'au moins certaines de ces activations frontales reflètent le trajet mental dans le temps nécessaire à la tâche de reconnaissance. Pour qu'un sujet se souvienne réellement s'il a vu, ou non, un item test dans la phase d'étude, il doit « se transporter dans le passé » vers la phase d'étude. Les travaux actuels clarifieront sans doute cette question. Il est d'ores et déjà encourageant de noter que les données actuelles indiquent que la structure la plus récemment apparue sur la scène de

1. M. Lepage, O. Ghaffar, L. Nyberg et E. Tulving, Prefrontal cortex and episodic memory retrieval mode, *Proc. Natl. Acad. Sci.*, États-Unis, 97, 506-511, 2000.

l'évolution, le lobe frontal, joue un rôle central dans l'accomplissement de ce qui caractérise le mieux la mémoire épisodique, le voyage mental dans le temps.

## II. – Les bases neurales de la mémoire sémantique

La mémoire sémantique est responsable de l'acquisition, la représentation, et le traitement des connaissances acquises sur le monde, c'est-à-dire les faits, les concepts et les croyances. Cette forme de mémoire est donc par définition impliquée dans de nombreuses fonctions cognitives dont les plus souvent citées sont la capacité à donner du sens aux mots et aux phrases, celle de reconnaître des objets, de se rappeler des informations spécifiques sur des concepts précédemment appris, et d'acquérir de nouvelles informations par simple expérience perceptive ou par raisonnement.

C'est la forme de mémoire par laquelle l'individu stocke ses connaissances du monde indépendamment de leur contexte d'acquisition, sans prise de conscience de leur apprentissage.

Les études menées en neuroimagerie sur les bases neurales de la mémoire sémantique ont réellement permis de différencier cette dernière de la mémoire épisodique, comme le laissait entendre le fait que les connaissances en mémoire sémantique antérieures à l'ablation bilatérale du lobe temporal médian sont préservées au détriments de celles de la mémoire épisodique[1].

1. S. Corkin, What's new with the amnesic patient H. M. ?, *Nat. Rev. Neurosci.*, 3, 153-160, 2002.

Si la mémoire sémantique inclut toutes nos connaissances sur le monde non reliées à des épisodes spécifiques de notre existence, on peut s'attendre à ce qu'elle réside dans de nombreuses régions du cerveau.

Les premières études de neuroimagerie concernant la mémoire sémantique ont révélé une activité étendue aux lobes frontal et temporal postérieur gauches, incluant les parties ventrale et latérale du cortex temporal (fig. III.3).

L'étude de la mémoire sémantique s'est principalement effectuée pour et par le langage. Le terme « sémantique » ne renvoie-t-il pas au premier chef à

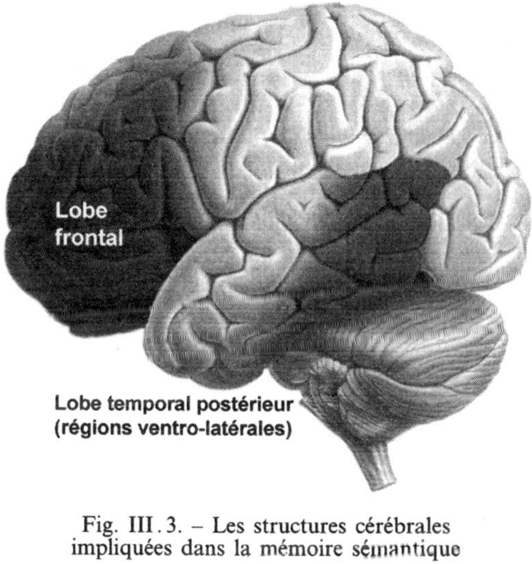


Fig. III.3. – Les structures cérébrales impliquées dans la mémoire sémantique

l'étude du langage considéré du point de vue du sens ? Le sens peut être véhiculé par d'autres supports comme les sons ou les images de l'environnement. Ces dernières sont souvent utilisées pour illustrer l'aspect non verbal de nos connaissances sémantiques. Cette articulation verbal / objet visuel est depuis le début des années 1970 au centre du modèle de double encodage des représentations mentales proposé par Allan Paivio[1]. Elle constitue un axe majeur des recherches sur l'organisation de la mémoire sémantique. Nos connaissances sont-elles organisées selon leur modalité de traitement (verbal/visuel), selon leur attribut (visuel/fonctionnel) ou bien selon leur catégorie ?

Les premiers travaux en neuroimagerie concernant la mémoire sémantique ont posé la question d'un système sémantique commun pour l'interprétation des mots et des images. Au cours d'une des premières expériences d'activation cognitive effectuée en TEP, Petersen et ses collaborateurs à Saint-Louis (États-Unis) ont examiné les différences entre la récupération sémantique avec des stimuli visuels ou auditifs[2]. Les sujets soit entendaient soit voyaient des noms concrets (*e.g.* pomme) et devaient générer un mot d'action associé à ce nom (*e.g.* croquer). Comparé à une condition de référence qui consistait à répéter des mots, la récupération sémantique était associée à une augmen-

1. A. Paivio, *Mental representations : A dual coding approach,* New York, Oxford University Press, 1986.
2. S. E. Petersen, P. T. Fox, M. I. Posner, M. Mintun et M. E. Raichle, Positron emission tomographic studies of the cortical anatomy of single-word processing, *Nature,* 331, 585-589, 1988.

tation du débit sanguin cérébral dans le cortex frontal ventrolatéral gauche pour les deux modalités de présentation. Les auteurs ont conclu que l'activité dans cette partie du lobe frontal gauche reflétait un traitement sémantique amodal (non spécifique). Les études suivantes produisirent la même conclusion lorsqu'elles comparèrent les traitements sémantiques visuel et verbal[1]. Les mots et les images activaient un système sémantique commun distribué entre les régions temporales inférieures et le cortex frontal ventrolatéral. Ces études ont donc fourni des preuves de l'existence d'un réseau sémantique distribué et partageant les modalités visuelle et verbale.

Cependant, les preuves en faveur d'un système sémantique commun aux mots et aux images n'impliquent pas qu'il soit le seul système sémantique. Il est également possible de décrire les représentations des connaissances conceptuelles en plusieurs parties distinctes. La mémoire sémantique du point de vue du sens des mots est alors considérée comme une mosaïque distribuée au travers de domaines d'attributs distincts (*e.g.* les éléments visuels, les éléments d'action, les éléments tactiles, etc.). Le terme « attribut » est utilisé ici pour décrire le type de connaissance, c'est-à-dire « à quoi un objet ressemble-t-il ? » *versus* « à quoi sert-il ? », tandis que le terme « modalité » a été utilisé précédemment pour décrire la forme selon

1. R. Vandenberghe, C. Price, R. Wise, O. Josephs et R. S. J. Frackowiak, Functional anatomy of a common semantic system for words and pictures, *Nature*, 383, 254-256, 1996.

laquelle on y accède, c'est-à-dire l'image ou le mot. La distinction entre attributs visuel et fonctionnel est la plus commune et peut être aussi la plus radicale des divisions de la mémoire sémantique en terme d'attribut spécifique. Les recherches dans plusieurs domaines différents allant de l'acquisition du langage à la catégorisation d'objets, en passant par le dysfonctionnement du langage, indique que les connaissances sémantiques peuvent être utilement divisées en attributs visuels et en attributs fonctionnels[1]. Les études en neuroimagerie ont amplement supporté l'idée d'une distinction visuel/fonctionnel. Si on demande par exemple à des sujets de regarder des dessins au trait d'objets communs et d'énoncer soit une couleur associée soit un mot d'action. L'analyse des données TEP collectées pour chaque condition révèle la participation de régions frontales communes aux deux types d'attributs, ainsi que la mise en jeu de régions spécifiques de chaque attribut. L'énoncé d'une couleur associée à l'objet perçu présente ainsi une activation bilatérale de la partie ventrale du cortex temporal alors que la génération de mot d'action était associée à une activité dans la partie postérieure du lobe temporal gauche et le cortex frontal ventrolatéral gauche (fig. III.4)[2].

1. S. L. Thompson-Schill, Neuroimaging studies of semantic memory : Inferring « how » from « where », *Neuropsychologia,* 41, 280-292, 2003.

2. A. Martin, J. V. Haxby, F. M. Lalonde, C. L. Wiggs et L. G. Ungerleider, Discrete cortical regions associated with knowledge of color and knowledge of action, *Science,* 270, 102-105, 1995.

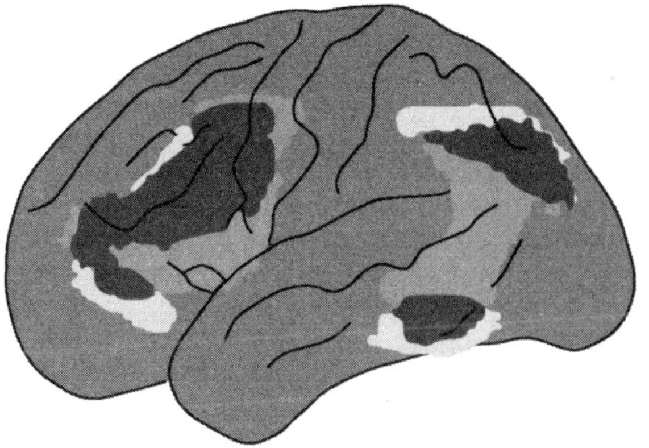

Fig. III.4. – Vue schématique de l'hémisphère gauche représentant les régions activées lorsque des sujets génèrent des mots de couleur (en gris clair) et des mots d'action (en gris). En gris foncé, les régions communes au deux types de mots. Adapté de Martin *et al.* (1995).

Suite à cette étude séminale, d'autres études ont rapporté des dissociations neuroanatomiques entre attributs visuel et fonctionnel ou entre mots concrets et mots abstraits, qui par définition diffèrent vis-à-vis des représentations visuelles. De ce premier découpage en attributs spécifiques (visuel, fonctionnel...), les travaux les plus récents, menés essentiellement en IRMf, ont montré que ces derniers sont liés à une modalité sensorielle et/ou motrice donnée, et au sein de telle modalité à une propriété spécifique. Ainsi, la mémoire sémantique des attributs visuels est liée au système visuel proprement dit et au sein de ce système, les connaissances sémantiques sont distribuées en propriétés spécifiques (couleur, taille, forme, mouvement...) de façon similaire de celle de la perception. Dès qu'un objet est perçu, l'activité neuronale se produit simultanément dans de nombreuses régions différentes. Cette activité simultanée et distribuée sous-tend la perception visuelle des objets, et la mémoire sémantique visuelle semble procéder de la même manière. Cette notion supportée par l'avènement des techniques de neuroimagerie est relativement récente. Elle remet en cause le caractère amodal de la mémoire sémantique suggérée dans un premier temps. Par contre, elle est en accord avec les théories dites des représentations sensorimotrices qui proposent que nos connaissances soient stockées dans le même réseau distribué de structures cérébrales que celui qui est mis en œuvre dans la perception initiale et dans le traitement de ce qui va être mémorisé. Les régions corticales impliquées dans la perception et le traitement de la couleur, de la forme et d'autres attributs des objets, sont ainsi très proches, sinon identiques, des régions cérébrales importantes pour leur mémorisation. On y retrouve notamment la partie ventrale du lobe temporal, dont le gyrus fusiforme, pour les attributs visuels de couleur, de forme et de mouvement d'objets, et les lobes frontaux, notamment le cortex prémoteur, pour les attributs fonctionnels de manipulation et de préhension d'objets.

Enfin, une autre hypothèse a été proposée basée sur une distribution de la mémoire sémantique en catégories taxinomiques. La plupart des études de neuroimagerie ayant examiné des différences fonctionnelles basées sur des catégories d'objets ont fait appel à des tâches de récupération de mots, comme la dénomination de mots à partir d'images. Au cours d'une première étude TEP, puis d'une étude en IRMf, Alex Martin et ses collaborateurs à Bethesda (États-Unis) ont ainsi demandé à des sujets de nommer des images d'animaux, d'outils, de visages et de maisons[1]. Ils ont rapporté des différences d'activation en fonction des catégories d'objet étudié, notamment dans le cortex occipital médian, en réponse aux images d'animaux et des activations frontales au niveau du cortex prémoteur en réponse aux images d'outils. Enfin, des activations différentes se répartissent le long du cortex temporal suivant ces différentes catégories.

Il est intéressant de noter que l'idée d'une représentation sémantique par catégories ne réfute pas l'existence de représentations par attributs, et *vice et versa.* Rien actuellement ne permet de considérer que la mémoire sémantique est gouvernée par un seul principe de fonctionnement.

Comme le précise Sharon Thompson-Schill[2], « la recherche des bases neurales de la mémoire sémantique conduit tout à la fois nulle part et partout ». Il y a de

1. A. Martin, X. L. Wiggs, L. G. Ungerleider et J. V. Haxby, Neural correlates of category-specific knowledge, *Nature,* 379, 649-652, 1996 ; L. L. Chao, J. V. Haxby et A. Martin, Attribute-based neural substrates in temporal cortex for perceiving and knowing about objects, *Nature Neuroscience,* 2, 913-919, 1999.

2. S. L. Thompson-Schill, Neuroimaging studies of semantic memory : Inferring « how » from « where », *Neuropsychologia,* 41, 280-292, 2003.

forte chance pour qu'aucune région joue à elle seule un rôle dédié et privilégié dans la représentation ou la récupération en mémoire de toute sorte de connaissances sémantiques. Le cortex frontal, principalement la partie ventrolatérale gauche semble plus généralement impliquer dans les mécanismes de sélection qui peuvent être utiles mais pas nécessaires pour la récupération sémantique. Aucune autre région corticale n'est activée systématiquement dans toutes les tâches de récupération sémantique. Au contraire, les études en neuroimagerie évoquées jusqu'à présent suggèrent l'existence d'un large réseau distribué des représentations sémantiques qui sont organisées à minima en attributs, et peut-être aussi par catégorie. Ces réseaux incluent des régions étendues des cortex temporaux ventral (connaissances sur les couleurs et les formes) et latéral (connaissances sur les déplacements), le cortex pariétal (connaissance sur les tailles), et le cortex prémoteur (connaissances sur les manipulations d'objets). D'autres régions, comme certaines parties plus antérieures du cortex temporal, semblent impliquées dans les représentations de connaissances conceptuelles et non-perceptives, autrement dit verbales.

## III. – Les bases neurales de la mémoire de travail

La mémoire de travail se définit comme la capacité de maintenir à l'esprit une quantité limitée d'informations pendant une courte période de temps, afin d'effectuer une tâche ou d'atteindre un but. Elle intervient ainsi dans le traitement et le maintien temporaire des informations nécessaires à la réalisation d'activités cognitives aussi diverses que la compréhension, l'apprentissage et le raisonnement. Bien que cette mémoire soit largement étudiée chez l'homme et l'animal, le terme de mémoire de travail possède différentes acceptions en fonction du domaine de recherche dans lequel on se situe. En ce qui concerne les études effectuées chez l'animal, le terme « mémoire de travail » est utilisé pour décrire la capacité de l'animal à maintenir un stimulus pendant une courte période après sa disparition du champ perceptif. Dans le domaine de la psychologie cognitive, le même terme renvoie à un espace mental de travail au sein duquel de multiples informations sont manipulées afin de résoudre un problème complexe.

S'il existe différentes conceptions de la mémoire de travail, le modèle actuellement dominant en neuropsychologie comme en neurobiologie est celui développé depuis trente ans par Alan Baddeley (voir p. 30). Ce modèle a naturellement était le point de départ des études de neuroimagerie portant sur les bases neurales de la mémoire de travail. Rappelons que selon Baddeley, l'architecture de la mémoire de travail repose sur un administrateur central et deux systèmes auxiliaires que nous allons tout d'abord décrire, la mémoire de travail verbale (boucle phonologique) et la mémoire de travail spatiale (calepin visuo-spatial).

1. **La mémoire de travail verbale.** – La mémoire de travail verbale, qu'on présente également sous le terme de boucle phonologique, est la mieux caracté-

risée des sous-systèmes de mémoire de travail. On y distingue un magasin de stockage phonologique et un mécanisme de répétition capable de maintenir les contenus de ce magasin. Les études en neuroimagerie ont produit des preuves convergentes d'une distinction entre ces deux systèmes.

Une tâche de reconnaissance d'items a notamment été utilisée au cours de laquelle les sujets percevaient simultanément un ensemble de quatre lettres pendant 200 millisecondes, puis les gardaient en mémoire pendant trois secondes, et à l'apparition d'une nouvelle lettre devaient répondre si cette dernière correspondait à l'une des quatre lettres préalablement perçues. Cette tâche a révélé la mise en jeu d'un réseau plutôt latéralisé à gauche et comprenant une partie du cortex pariétal appelée le gyrus supramarginal, le gyrus frontal inférieur, le cortex prémoteur et l'aire motrice supplémentaire. Ces trois dernières régions étaient connues pour être responsables des mécanismes d'articulation silencieuse dans des tâches de langage, on en déduisit que leur mise en jeu au cours de la tâche de reconnaissance de lettres correspondait au processus de répétition. Rien d'étonnant à cela, retenir un numéro de téléphone ou une liste de mots pendant quelques secondes ne revient-il pas à se les répéter silencieusement ?

Le gyrus supramarginal fut pour sa part impliqué dans les processus de stockage phonologique[1].

1. E. E. Smith, J. Jonides, C. Marshuetz et R. A. Koeppe, Components of verbal working memory : Evidence from neuroimaging, *Proc. Natl. Acad. Sci.*, États-Unis, 95, 876-882, 1998.

2. **La mémoire de travail spatiale.** – Si l'expérience de reconnaissance d'items décrites précédemment est conduite en remplaçant les lettres par des points, il est possible d'étudier cette fois-ci la mémoire de travail spatiale. Les sujets doivent dans ce cas garder en mémoire la position de ces points puis répondre à la présentation d'un nouveau point en signalant s'il correspond à l'un des points préalablement perçus. Le fait de changer de matériel expérimental modifie radicalement la latéralisation des réseaux mis en jeu. Les activations observées sont situées cette fois-ci essentiellement dans l'hémisphère droit, voire bilatérales, et non plus uniquement latéralisées à gauche comme pour le matériel verbal. La tâche de reconnaissance spatiale conduit ainsi à des activations pariétales (gyrus pariétal supérieur et gyrus supramarginal), occipitales et frontales (gyri frontaux supérieur et inférieur).

Bien qu'aucune étude n'ait tenté de distinguer entre le stockage et la répétition dans le domaine spatiale, des composants distincts de mémoire de travail spatiale ont été proposés. Il a notamment été suggéré que les régions occipitales susdites codent l'information spatiale qui est traitée dans les régions pariétales droites alors que le cortex frontal maintiendrait ces représentations à travers une activation tonique similaire à la boucle phonologique liée au matériel verbal.

Le modèle quadriparti de la mémoire de travail inclut un calepin visuo-spatial qui contrôle le maintien des représentations visuelles et spatiales (voir p. 30). Cependant, comme noté par Baddeley dès 1994, certaines données ont indiqué que les systèmes de mémoire de travail spatiale et objet sont dissociables. À cet égard, trois études réalisées en TEP au milieu des années 1990 ont été déterminantes dans la compréhension du rôle du cortex frontal dans la mémoire de travail spatiale au sein du cortex frontal[1]. La première étude a montré qu'exécuter une tâche de mémoire de travail visuo-spatiale met en jeu l'ensemble des régions corticales d'une voie dorsale occipito-pariétale s'étendant jusqu'à la partie supérieure du cortex frontal alors qu'une tâche de mémoire de travail objet induit l'activation des régions corticales le long d'une voie ventrale occipito-temporale jusqu'à la partie inférieure du cortex frontal. La seconde étude concernait les bases neurales de l'imagerie mentale spatiale. Au cours de cette étude, les sujets devaient construire mentalement des éléments géométriques sur la base d'instructions verbales à consonance spatiale. L'encodage et le maintien en mémoire pendant quelques dizaines de secondes de ces informations spatiales induit entre autre une activation bilatérale du cortex frontal supérieur. La troisième étude concernait l'exécution d'une séquence mémorisée de saccades oculaires (mouvements rapides des deux yeux). Dans un premier temps les sujets devaient mémoriser une séquence d'apparition de

1. S. M. Courtney *et al.*, Object and spatial visual working memory activate separate neural systems in human cortex, *Cerebral Cortex*, 6, 39-49, 1996 ; Mellet *et al.*, Functional anatomy of spatial mental imagery generated from verbal instructions, *J. Neurosci.*, 16, 6504-6512, 1996 ; Petit *et al.*, Functional anatomy of a prelearned sequence of horizontal saccades in man, *J. Neurosci.*, 16, 3714-3726, 1996.

six cibles visuelles placées sur un axe horizontal en réalisant des saccades oculaires vers ces cibles. Puis une fois placés dans le noir, les sujets devaient exécuter cette séquence mémorisée de saccades. En plus des régions spécifiquement mises en jeu par la simple exécution de saccades oculaires, cette étude a mis en évidence une activation bilatérale du cortex frontal supérieur liée à la composante mnésique de cette tâche oculomotrice. Ainsi, chacune de ces études comportait une composante de rétention d'informations spatiales corrélée à une activation localisée dans le cortex frontal supérieur.

Une quatrième étude menée cette fois-ci en IRMf comportait deux tâches de mémoire de travail faisant appel à la même quantité d'images perçues et au même type de réponse motrice[1]. Elles différaient seulement par le type d'information que les sujets devaient retenir : soit l'identité, soit la position de trois visages présentés séquentiellement. Après un délai de neuf secondes, un quatrième visage était montré. Au cours de la tâche de mémoire de travail des visages, les sujets indiquaient si ce quatrième visage était l'un des trois préalablement perçus, quelle que soit sa position sur l'écran. Au cours de la tâche de mémoire de travail spatiale, les sujets indiquaient si ce visage était présenté à l'un des trois endroits où avaient été présentés les trois premiers visages, quels que soient ces visages. L'intérêt d'effectuer cette étude en IRMf réside dans le

1. S. M. Courtney *et al.*, An area specialized for spatial working memory in human frontal cortex, *Science*, 279, 1347-1351, 1998.

fait qu'il est alors possible de dissocier dans le temps les différentes activations en fonction des différentes composantes de la tâche de mémoire de travail. Ainsi, cette étude a montré que les régions frontales ont des niveaux différents d'activité soutenue associés à différents types d'informations maintenues en mémoire de travail (fig. III.5). Une région centrée sur le sillon frontal supérieur, c'est-à-dire dans la partie dorsale du cortex frontal, présente une activité soutenue durant le délai de neuf secondes et liée à la mémoire de travail spatiale. Inversement, une activité soutenue est aussi présente dans les régions frontales ventrales pendant le délai de rétention d'informations non spatiales sur les visages. La dissociation entre les régions montrant une activité soutenue liée aux informations spatiales et celle liée aux visages n'est pas absolue. Une activité soutenue liée aux informations sur les visages est quand même présente dans la région dorsale mais cela représente moins de la moitié du volume d'activité soutenue observée pour les informations spatiales, et réciproquement moins de la moitié de l'activité soutenue liée à la mémoire de travail spatiale est également présente dans les régions préfrontales ventrales. Ce recouvrement indique que les sujets maintiennent des représentations d'informations spatiales non signifiantes durant la tâche de reconnaissance des visages, et réciproquement. Ce recouvrement indique également que les représentations en mémoire de travail des informations spatiales et de l'identité des visages sont réparties entre ces régions frontales. La dissociation entre ces régions dépendrait du niveau de participation dans ces représentations, et non pas de la présence ou de l'absence de participation de telle ou telle région.

Plus remarquable encore, les études d'enregistrement cellulaire chez le primate non humain ont révélé à la même époque une organisation fonctionnelle dans le cortex frontal pour la mémoire de travail : plus les neurones se situent dans la partie inférieure (ou ventrale), plus ils présentent une activité soutenue liée à la rétention d'informations sur des objets ; et plus les neurones se situent dans la partie supérieure (ou dorsale), et plus ils présentent une activité soutenue spécifique de la rétention d'informations spatiales[1].

Il est aussi intéressant de noter que la région frontale supérieure plus particulièrement liée à la rétention d'informations spatiales est adjacente, voire recouvre, une partie du cortex précentral qui lui est postérieur et qui correspond à une région essentielle dans le contrôle du déplacement de l'attention spatiale et du regard, à savoir les champs oculomoteurs frontaux. Un lien a ainsi été proposé entre le maintien en mémoire de travail d'informations spatiales et les mécanismes de déplacement de l'attention spatiale, c'est-à-dire là où se pose notre attention à chaque instant[2]. Garder en mémoire des informations spatiales reviendrait à déplacer mentalement son attention spatiale entre ces différents lieux. Les réseaux de régions corticales acti-

1. Wilson *et al.*, Dissociation of object and spatial processing domains in primate prefrontal cortex, *Science,* 260, 1955-1958, 1993.
2. E. Awh et J. Jonides, Overlapping mechanisms of attention and spatial working memory, *Trends Cogn. Sci.*, 5, 119-126, 2001.

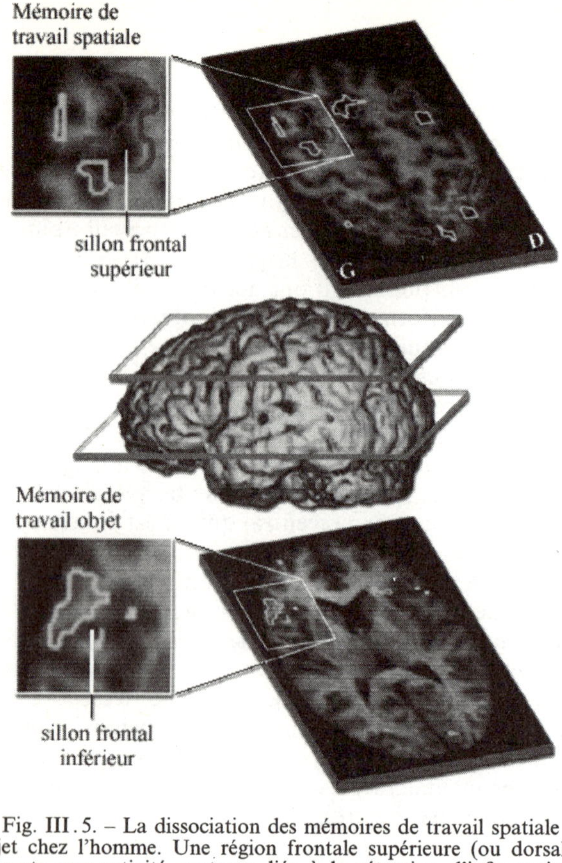


Fig. III.5. – La dissociation des mémoires de travail spatiale et objet chez l'homme. Une région frontale supérieure (ou dorsale) présente une activité soutenue liée à la rétention d'informations spatiales, dissociable de l'activité soutenue frontale moyenne et inférieure (ou ventrale) observée lors de la rétention d'informations sur des objets, en l'occurrence dans cet exemple sur des visages[1].

1. Adapté de S. M. Courtney *et al.,* An area specialized for spatial working memory in human frontal cortex, *Science,* 279, 1347-1351, 1998.

ves lors du maintien d'informations spatiales et du déplacement attentionnel spatial présentent ainsi des zones de recouvrement dans les parties supérieures des lobes frontaux.

3. **Activité transitoire *vs.* activité soutenue : la dynamique temporelle de la mémoire de travail.** – Nous venons de voir que les bases neurales des mémoires de travail s'étudient avec des tâches expérimentales où se succèdent une période d'encodage d'une information (lettres, visages, points...), un délai de rétention de ces informations en mémoire, et l'apparition d'un stimulus test. La résolution temporelle de l'IRMf a cela de particulier qu'elle est du même ordre de grandeur que ces différentes périodes, ce qui a permis d'étudier le décours temporel des activations cérébrales au cours d'une tâche de mémoire de travail. Dans l'exemple choisi[1], les sujets voyaient apparaître un visage sur un écran pendant trois secondes et le gardaient en mémoire pendant les huit secondes suivantes, un nouveau visage apparaissait alors et les sujets devaient indiquer s'il s'agissait du visage préalablement perçu. Cette tâche alternait avec une tâche sensori-motrice où les visages étaient remplacés par des images brouillées et où les sujets n'avaient rien à retenir en mémoire. Six régions corticales furent activées au cours de cette tâche (fig. III.6). Trois d'entre elles étaient si-

1. S. M. Courtney *et al.,* Transient and sustained activity in a distributed neural system for human working memory, *Nature,* 386, 608-611, 1997.

tuées dans le cortex occipito-temporal ventral. La plus postérieure (1) montra une activité équivalente que les sujets perçoivent un visage ou une image brouillée, indiquant un rôle dans les mécanismes de perception visuelle non sélective. De plus, cette activité était transitoire, limitée à la période où les stimuli étaient visibles. Les deux autres régions occipito-temporales, plus antérieures (2 et 3) montrèrent également une activité transitoire mais plus sélective à la perception des visages qu'à celle des images brouillées. Ces régions présentèrent aussi une légère activité soutenue lors du délai de rétention d'un visage en mémoire. On observa même une progression d'une activité visuelle non sélective vers une activité tenant compte du type de stimulus (ici des visages).

Les trois autres régions se trouvaient dans le cortex frontal : dans la partie postérieure du gyrus frontal moyen (4), dans le gyrus frontal inférieur (5) et dans la partie antérieure du gyrus frontal moyen (6). Ces trois régions frontales présentèrent à la fois une activité transitoire à la perception d'un visage et une activité soutenue lorsque ce dernier était maintenu en mémoire. On découvrit également une organisation hiérarchique dans le niveau d'activation de ces trois régions. L'activité transitoire est maximale dans la région frontale la plus postérieure (4) et diminue jusqu'à la région la plus antérieure (6). Inversement, l'activité soutenue est moins importante dans la région frontale la plus postérieure et d'autant plus élevée qu'on se trouve dans la partie antérieure du gyrus frontal moyen (6).

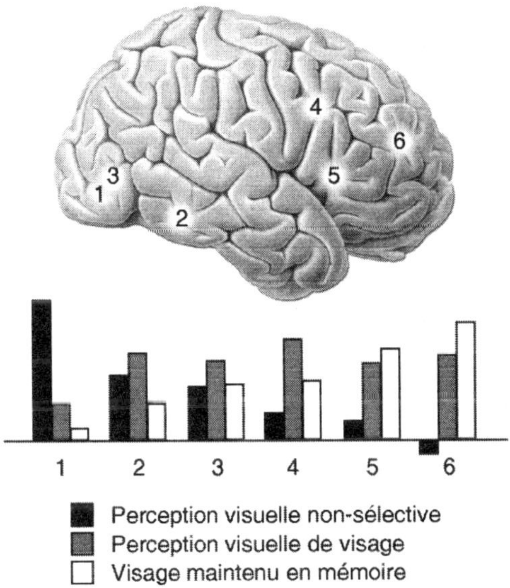


Fig. III.6. – Décours temporel des activations lors d'une tâche de mémoire de travail sur des visages. 1, 2 et 3 : régions occipito-temporales ; 4, 5 et 6 : régions frontales[1].

Il existe donc une progression du niveau d'activité lors de la perception puis de la rétention d'informations visuelles. La partie la plus postérieure du cerveau s'active transitoirement lors de la perception d'une

1. Adapté de S. M. Courtney *et al.*, Transient and sustained activity in a distributed neural system for human working memory, *Nature*, 386, 608-611, 1997

image de manière non sélective alors que la partie la plus antérieure en mise en jeu lorsqu'il faut retenir les caractéristiques précises d'un objet pendant plusieurs secondes et alors que ce dernier n'est plus visible.

4. **Du maintien à la manipulation : à propos de l'administrateur central et des processus exécutifs.** – Parmi les informations que nous retenons quotidiennement durant un cours laps de temps, certaines doivent être maintenues en mémoire en l'état, comme dans le cas d'un numéro de téléphone. D'autres circonstances peuvent nous amener à manipuler ces informations, comme pour un calcul mental où l'on doit se souvenir des résultats intermédiaires. On peut s'attendre à ce que la manipulation d'informations maintenues en mémoire requière la mise en jeu de processus cognitifs supplémentaires autres que le seul maintien en mémoire. La manipulation d'informations fait partie des processus exécutifs assimilés à l'administrateur central du modèle de Baddeley tout comme la focalisation de l'attention sur une information pertinente et l'inhibition de celles non pertinentes (attention et inhibition), la planification d'une séquence de tâches orientée vers un but (planning), le contrôle et la mise à jour des contenus en mémoire de travail afin de déterminer une prochaine action (monitoring). Ces processus exécutifs[1] se retrouvent au centre d'une des questions essentielles à propos de la

1. E. E. Smith et J. Jonides, Storage and executive processes in the frontal lobes, *Science,* 283, 1657-1661, 1999.

mémoire de travail et de l'existence d'un seul administrateur central indépendant du matériel et contrôlant la coordination, la manipulation et la mise à jour des contenus issus des systèmes auxiliaires. Michael Petrides et ses collaborateurs ont proposé, au début des années 1990, que des régions frontales ventrolatérales et dorsolatérales contrôlent différentes fonctions. Les régions ventrolatérales traiteraient du maintien et de l'évaluation des représentations maintenues en mémoire de travail, tandis que les régions dorsolatérales traiteraient le contrôle et la manipulation de ces représentations. Bien que cette construction cognitive ne soit toujours pas entièrement caractérisée, cette distinction entre maintien et manipulation pourrait être liée à ce qui distingue les systèmes auxiliaires de l'administrateur central dans le modèle de Baddeley.

Une des études princeps menée en IRMf à tester l'existence d'une telle dissociation[1]. La tâche de mémoire de travail consistait soit à maintenir en mémoire durant huit secondes un ensemble de cinq lettres présenté simultanément dans un ordre aléatoire, soit à manipuler pendant le délai cet ensemble de lettres afin de les ranger par ordre alphabétique. Les deux conditions expérimentales ont entraîné une activité soutenue durant le délai, à la fois dans les régions ventrales et dorsales du cortex frontal. Cependant, l'activité liée au maintien des informations était quan-

1. M. d'Esposito, B. R. Postle et B. Rypma, Prefrontal cortical contributions to working memory : Evidence from event-related fMRI studies, *Exp. Brain Res.*, 133, 3-11, 2000.

titativement plus importante dans les régions frontales ventrales à hauteur du gyrus frontal inférieur, alors que celle liée à la manipulation était située à hauteur du gyrus frontal moyen, c'est-à-dire dans une région frontale dorsolatérale, inférieure et distincte de la région frontale supérieure impliquée en mémoire de travail spatiale. Cette région frontale dorsolatérale est considérée comme la région à part entière de la mémoire de travail, et au-delà, des processus exécutifs dans leur ensemble.

Il est important de noter que, tout comme les régions distinctes des mémoires de travail spatiale et objet, la dissociation entre les régions du maintien des informations et celles de leur manipulation n'est pas absolue ; elle dépend du degré de participation, et non de parcellisation de différentes fonctions à des régions distinctes. L'orchestration des opérations de mise en jeu de la mémoire de travail fait donc participer de multiples aires frontales sans pour autant permettre de conclure définitivement sur la spécificité de l'information que chacune d'elles traite.

Les données accumulées en TEP puis en IRMf depuis une quinzaine d'années permettent, au final, de classer les tâches de mémoire de travail en deux catégories : celles qui requièrent un stockage, un maintien et une évaluation des représentations (tâches de maintien), et celles qui requièrent en plus de la manipulation et de la mise à jour du contenu (tâches de manipulation), autrement dit des processus exécutifs. Les régions frontales ventrolatérales semblent ainsi recrutées durant la réalisation des deux types de tâches avec une latéralisation des activations en fonction de la nature des représentations maintenues. Par contre, les cortex frontaux dorsolatéraux sont moins fréquemment engagés dans les tâches de maintien simple et clairement engagés durant les tâches de manipulation. L'engagement ou la latéralité des activations dorsolatérales ne semble pas varier entre les études de mémoire de travail verbale, objet et spatiale[1].

## IV. – Les bases neurales de la mémoire procédurale

La mémoire procédurale non accessible à la conscience fait référence à l'acquisition d'habilités et d'habitudes par apprentissage et sans référence aux expériences passées contrairement aux souvenirs conscients appartenant à la mémoire déclarative et qui s'expriment facilement grâce au langage ou sous forme d'image mentale. La notion de déclaratif implique « savoir que » (savoir que j'ai garé la voiture à côté d'une Harley ou savoir qu'une Harley est un modèle de moto...) alors que la notion de procédurale réfère à « savoir comment » (savoir conduire une voiture ou faire du vélo...). Comme l'a décrit Henri Bergson à la fin du XIXe siècle, cette mémoire des habitudes est « toujours tendue vers l'action, assise dans le présent et ne regardant que l'avenir. Elle n'a retenu du

1. M. d'Esposito, G. K. Aguirre, E. Zarahn, D. Ballard, R. K. Shin et J. Lease, Functional MRI studies of spatial and non-spatial working memory, *Cognitive Brain Research*, 7, 1-13, 1998.

passé que les mouvements intelligemment coordonnés qui en représentent l'effort accumulé ; elle retrouve ces efforts passés, non pas dans des images-souvenirs qui les rappellent, mais dans l'ordre rigoureux et le caractère systématique avec lesquels les mouvements actuels s'accomplissent. À vrai dire elle ne nous représente pas notre passé, elle le joue ; et si elle mérite encore le nom de mémoire, ce n'est plus parce qu'elle conserve des images anciennes, mais parce qu'elle en prolonge l'effet utile jusqu'au moment présent »[1].

La description des bases neurales de la mémoire procédurale fait intervenir le terme d'apprentissage. Souvent utilisés de façon presque synonyme, les termes *apprentissage* et *mémoire* renvoient à deux réalités distinctes. L'apprentissage désigne tout processus susceptible de modifier un comportement ultérieur alors que la mémoire au sens large désigne la capacité de retrouver des expériences passées. Cette distinction a été précisée à partir de l'étude de patients amnésiques comme H. M. (voir p. 48) qui tout en sachant apprendre, ne se souviennent pas de l'expérience qui les a amenés à cet apprentissage.

Depuis lors, un nombre considérable d'études menées chez l'animal et chez l'homme ont montré que plusieurs structures formant les circuits anatomiques cortico-striatal et cortico-cérébelleux (fig. III.7) sont cruciales à l'acquisition et à l'exécution d'habiletés motrices.

1. H. Bergson, *Matière et mémoire,* Paris, PUF, « Quadrige », 1896.

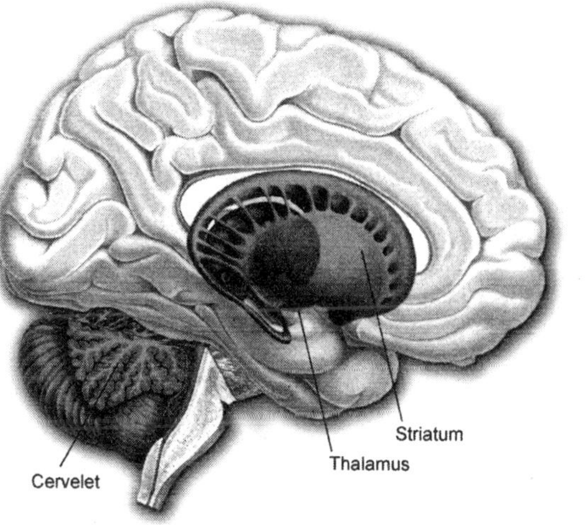


Fig. III.7. Les structures sous-corticales
à l'origine des circuits cortico-striataux et cortico-cérébelleux

Les études en neuroimagerie fonctionnelle, TEP comme IRMf, ont non seulement permis d'identifier l'étendue des réseaux neuraux impliqués dans ces types d'apprentissage, mais aussi de comprendre les changements qui se produisent au sein de ces systèmes lorsque la pratique d'une tâche motrice améliore les performances.

L'apprentissage des habiletés motrices fait parti des procédures qui s'expriment par l'action. Nous faisons du vélo sans nous souvenir des séances où nous avons appris à en faire. La conduite d'une voiture fait également appel à un certain nombre d'actions que nous effectuons de façon automatique.

Les techniques d'imagerie fonctionnelle ont permis d'observer les aires cérébrales activées lors de l'apprentissage d'une tâche motrice : le cortex sensorimoteur et les structures sous-corticales incluant le striatum (noyau caudé et putamen). Une séquence motrice classiquement employée consiste pour un sujet à mettre le pouce en contact avec chacun des autres doigts de la main selon une séquence prédéterminée et aussi vite que possible. L'exécution de ce type de séquences au cours d'une étude menée en IRMf sur plusieurs semaines a tout d'abord confirmé que la zone du cortex moteur représentant les mouvements des doigts était activée[1]. Une fois par semaine, les sujets étaient soumis à une séance d'IRMf, durant laquelle ils exécutaient la séquence apprise et une séquence contrôle de mouvements. Avant l'entraînement, l'exécution de ce type de séquence conduit à une activation bien connue dans la partie du cortex moteur responsable des mouvements des doigts (fig. III.8.). Après un entraînement prolongé au cours duquel les sujets doublaient la vitesse d'exécution de la séquence motrice, la zone du cortex moteur mise en jeu s'est étendue et ceci persiste plusieurs semaines, tout comme la capacité à exécuter la tâche plus rapidement (fig. III.8).

1. A. Karni, G. Meyer, P. Jezzard, M. M. Adams, R. Turner et L. G. Ungerleider, Functional MRI evidence for adult motor cortex plasticity during motor skill learning, *Nature,* 377, 155-158, 1995.

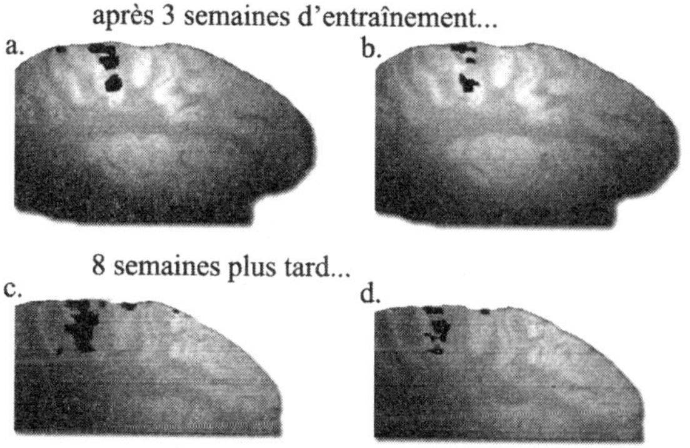


Fig. III.8. – Effet d'un entraînement prolongé sur la zone d'activation du cortex moteur lors de l'exécution d'une séquence de mouvement des doigts. L'activation (en orange) liée à l'exécution de la séquence apprise quotidiennement pendant trois semaines (en couleurs orangées, a) est plus importante que pour une séquence non apprise (b). Cette différence est encore présente huit semaines après l'arrêt de l'entraînement (c *vs.* d). Coupes sagittales du cerveau passant par le cortex sensori-moteur contrôlant les mouvements des doigts[1].

Où la trace mnésique d'une telle habileté motrice est-elle stockée ? Il n'y a actuellement pas de réponse définitive à cette question. Ce qui est acquis c'est que l'apprentissage moteur comme les autres formes de mémoire procédurale se mettent en place par des modifications des réseaux de régions proprement impli-

1. Adapté de A. Karni, G. Meyer, P. Jezzard, M. M. Adams, R. Turner et L. G. Ungerleider, Functional MRI evidence for adult motor cortex plasticity during motor skill learning, *Nature*, 377, 155-158, 1995.

quées dans la tâche motrice en question. La pratique répétée de la séquence induirait un recrutement de neurones supplémentaires du cortex moteur en proportion de l'habileté et de la vitesse auxquelles les sujets sont capables d'exécuter cette séquence motrice.

L'étude prise ici en exemple illustre l'apport d'une technique comme l'IRMf dans la compréhension de la chronométrie des phénomènes ayant lieu, même du point de vue macroscopique. En fait, dans le cas de cette étude sur l'habileté motrice, Avi Karni et ses collaborateurs ont tout d'abord observé, au cours des trente premières minutes de la première séance d'IRMf, une diminution passagère de l'activation dans la zone motrice. L'activation baisse encore lorsque les sujets répètent les mouvements pour la seconde fois. Puis la situation s'inverse au cours de la même séance et l'activation tend à augmenter au fur et à mesure que la séquence est répétée. L'apprentissage s'effectue donc en deux temps. Au cours d'une première phase très brève, l'activation du cortex moteur diminuerait pour se concentrer sur une population de neurones plus restreinte, à savoir ceux qui représentent le mieux le mouvement. Ensuite viendrait une phase plus lente, durant laquelle de nouveaux neurones seraient peu à peu intégrés au réseau.

Le stockage en mémoire des mouvements d'opposition des doigts va ainsi concerner les régions motrices et prémotrices mises en jeu au cours de la préparation et l'exécution de la séquence. Ces modifications synaptiques pourraient également toucher les connexions entre le cortex et le striatum.

Sur la base de nombreuses données de neuroimagerie, Julien Doyon et Leslie Ungerleider ont récemment proposé un modèle intégré de l'acquisition d'habiletés motrices en séparant en deux catégories : l'apprentissage d'une séquence motrice et l'adaptation motrice[1]. Durant la première, un sujet apprend par incréments successifs une série de mouvements jusqu'à constituer un comportement automatique correctement exécuté. Durant la seconde, le sujet va adapter son comportement moteur aux changements environnementaux. Le modèle de Doyon et Ungerleider suggère qu'au cours de la phase initiale d'apprentissage, les séquences motrices et les tâches d'adaptation recrutent à la fois les circuits cortico-striatal et cortico-cérébelleux, ainsi que les régions motrices et prémotrices du lobe frontal (fig. III.9.A). Le cortex préfrontal s'active également au début d'un apprentissage, ce qui est cohérent avec le rôle qu'on lui attribue généralement dans le stockage temporaire de l'information (voir les bases neurales de la mémoire de travail). Le cortex pariétal va également s'activer en raison de son rôle dans les mécanismes attentionnels, notamment dans le domaine visuo-spatial. Enfin, l'hippocampe et les cortex adjacents, soit l'ensemble du lobe temporal médian, sont également mis en jeu transitoirement au cours de la phase initiale d'apprentissage d'habiletés motrices. De récents travaux effectués en IRMf ont dé-

1. J. Doyon et H. Benali, Reorganization and plasticity in the adult brain during learning of motor skills, *Current Opinion in Neurobiology*, 15, 161-167, 2005.

crit que des apprentissages implicite et explicite d'une séquence de mouvements mettent en jeu l'hippocampe et le reste du lobe temporal médian[1].

Une fois l'habilité motrice acquise, sa représentation neurale serait supportée par un seul de ces deux circuits : le circuit cortico-striatal étant alors présent pour la consolidation d'une nouvelle séquence motrice et celui cortico-cérébelleux pour le maintien en mémoire à long terme d'une adaptation motrice (fig. III.9.B).

Au cours de l'apprentissage moteur, les réseaux jouant un rôle important vont ainsi se modifier. Par exemple, la conduite d'une voiture le long d'une route familière va petit à petit « s'automatiser », minimisant le degré d'attention nécessaire au début de l'apprentissage de l'itinéraire. Ceci tend à montrer que les régions cérébrales qui interviennent dans l'attention sont nécessaires au début de l'apprentissage et deviennent de moins en moins importantes au fur et à mesure que nous progressons.

1. Schendan H. E. *et al.*, *An fMRI study of the role of the medial temporal lobe in implicit and explicit sequence learning. Neuron...*, 37, 1013-1025, 2003.

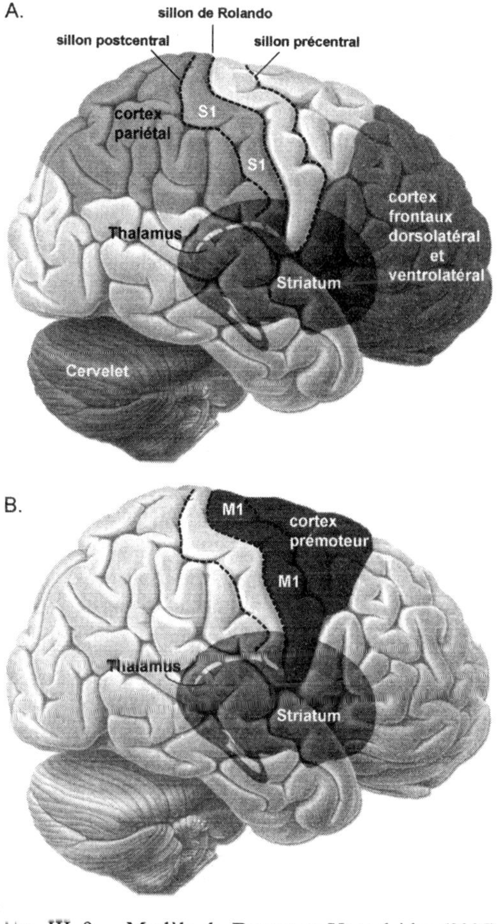


Fig. III.9. – Modèle de Doyon et Ungerleider (2005)

Chapitre IV

# INTERACTIONS ET SPÉCIALISATIONS ENTRE CERTAINS SYSTÈMES DE MÉMOIRE

Au-delà des particularités liées au contenu des informations qu'ils traitent, les systèmes de mémoire partagent des processus communs, y compris au niveau des structures cérébrales qui les caractérisent. Certaines études ont été mises au point pour approfondir la question des réseaux communs et des aires spécifiques à ces différents systèmes. Nous verrons tout d'abord que le cortex frontal abrite des régions impliquées tout à la fois dans la mémoire de travail, la mémoire sémantique et la mémoire épisodique. La question de la spécialisation fonctionnelle au sein du lobe temporal médian sera ensuite traitée avant d'aborder une caractéristique propre à l'hippocampe et qui concerne la mémoire spatiale.

## I. – Aires frontales communes à la mémoire de travail, la mémoire épisodique et la mémoire sémantique

Les descriptions que nous avons faites au chapitre précédent des bases neurales de différents systèmes de mémoire ont montré que les cortex frontaux dorso- et ventro-latéraux jouent un rôle en mémoire épisodique, mais également en mémoire sémantique et en mémoire de travail. Mais y jouent-ils exactement le même rôle ou abritent-ils en fait des processus partagés par ces trois formes de mémoire ?

De telles similarités entre la mémoire de travail et la mémoire épisodique, ainsi qu'entre cette dernière et la mémoire sémantique ont été soulignées dans une revue conséquente de la littérature TEP et IRMf des années 1990[1]. Dans cette imposante revue de 275 études de neuroimagerie, Cabeza et Nyberg ont révélé une étroite association entre plusieurs types d'opérations cognitives et l'activité de régions frontales dorsolatérale et ventrolatérale. L'activation des mêmes régions frontales s'observe lors de tâches d'attention soutenue, de perception des odeurs, de reconnaissance de mots écrits, de mémoire de travail verbale et spatiale, de mémoire sémantique, de mémoire épisodique et d'amorçage conceptuel, soulignant ainsi que ces différents systèmes présentent plus de points communs que de différences.

Une autre revue a été consacrée aux régions communes à différentes tâches cognitives incluant des composantes de perception, de sélection de réponse, de contrôle exécutif, de mémoire de travail, de mémoire épisodique et de résolution de problème[2]. Il en

1. R. Cabeza et L. Nyberg, Imaging cognition II : An empirical review of 275 PET and fMRI studies, *J. Cogn. Neurosci.*, 12, 1-47, 2000.

2. J. Duncan et A. M. Owen, Common regions of the human frontal lobe recruited by diverse cognitive demands, *Trends in Neuroscience*, 23, 475-483, 2000.

est ressorti une étonnante régularité dans la distribution anatomique des régions frontales impliquées. Les cortex frontaux dorsolatéraux et ventrolatéraux, ainsi que la partie antérieure du cortex cingulaire apparaissent communément impliqués dans ces différentes tâches cognitives. La majorité du cortex frontal restant, incluant les parties médiane et orbitaire, ne présente pas d'activité en relation avec ces tâches cognitives.

Dans le même temps, une étude d'IRMf contrastant mémoire de travail et mémoire épisodique a mis en évidence des activations spécifiques au rappel épisodique pour les régions frontales les plus antérieures[1].

Il restait donc à déterminer si ces différentes régions du cortex frontal sont engagées de la même manière dans différents systèmes de mémoire. Dans le but d'explorer plus avant les similarités et les spécificités de ces activations associées à différents systèmes de mémoire, deux expériences ont été menées en TEP, au cours desquelles trois tests furent inclus pour chacun des trois systèmes de mémoire : les mémoires de travail, épisodique et sémantique[2].

La mémoire de travail a été mise en jeu et testée avec des tâches de 1- et 2-back durant lesquelles les sujets sont informés qu'une séquence de mots va leur être présentée et qu'ils doivent décider pour chaque

1. R. Cabeza *et al.,* Similarities and differences in the neural correlates of episodic memory retrieval and working memory, *Neuroimage,* 16, 317-330, 2002.

2. L. Nyberg *et al.,* Common prefrontal activations during working memory, episodic memory, and semantic memory, *Neuropsychologia,* 41, 371-377, 2003.

mot s'il est identique à celui vu juste précédemment (1-back) ou deux mots auparavant (2-back). Une troisième tâche consistait à générer des nombres au hasard entre 1 et 10 en ne citant pas deux fois de suite le même nombre et en citant tous les nombres entre 1 et 10 avant de recommencer.

La mémoire épisodique a été mise en jeu et mesurée avec trois types de test : 1 / un test de reconnaissance où les sujets voyaient une liste composée de neuf mots nouveaux et de neuf autres mots préalablement perçus, et devaient répondre « oui » lorsqu'ils reconnaissaient un mot et « non » quand ils pensaient qu'il s'agissait d'un mot nouveau ; 2 / un test de rappel amorcé où les sujets voyant un mot-amorce (par exemple AUTEUR) devaient répondre un mot-cible (*e.g.* STRINBERG) initialement appris au cours d'une première session ; 3 / un test autobiographique durant lequel les sujets percevaient un mot-amorce (*e.g.* VACANCES) et devaient se souvenir d'événements personnels relatifs à ce dernier tout en citant un mot décrivant ce souvenir personnel (*e.g.* ÉGYPTE).

La mémoire sémantique a été mise en jeu et mesurée avec trois tests : 1 / un test de classification vivant / non vivant où les sujets voyaient une liste de mots et décidaient si chacun d'eux se référait à une entité vivante ou non ; 2 / un test de récupération de faits où les sujets percevaient une série de mots-amorces (*e.g.* AUTEUR), devaient se souvenir de faits associés à chacun de ces mots et prononçaient un mot lié à ces faits ; 3 / un test de génération de synonymes où les sujets devaient générer pour chaque mot d'une liste un mot de même signification (*e.g.* VACANCES-CONGÉS) ou possédant une forte association sémantique (*e.g.* VOITURE-RENAULT).

Chacune de ces tâches mnésiques a été comparée à une condition contrôle durant laquelle les sujets devaient prononcer une série de mots qui leur était présentée tout en sachant que ces mots ne faisaient partie d'aucun test et qu'ils n'avaient pas à les mémoriser.

La comparaison des activations cérébrales obtenues au cours de ces différentes tâches de mémoire a révélé la mise en jeu systématique de quatre régions corticales. Exclusivement situées dans la partie antérieure de l'hémisphère gauche, elles concernent le cortex frontal antérieur, le cortex frontal ventrolatéral, le cortex frontal dorsolatéral et la partie dorsale de cortex cingulaire (fig. IV.1).

Plusieurs explications peuvent être avancées à propos de ces activations communes à trois systèmes de mémoire. Il se pourrait tout d'abord que, par rapport à la condition de référence (simple lecture de mots), toutes les tâches de mémoire impliquent une demande accrue de traitement exécutif comme des processus attentionnels plus importants, par exemple. Et ces quatre régions ont effectivement été décrites comme fonctionnellement liées au traitement exécutif ou au contrôle cognitif.

L'activation frontale ventrolatérale est considérée comme responsable du rafraîchissement et du maintien du contenu en mémoire de travail. Selon cette notion, les processus de mémoire de travail contribue-

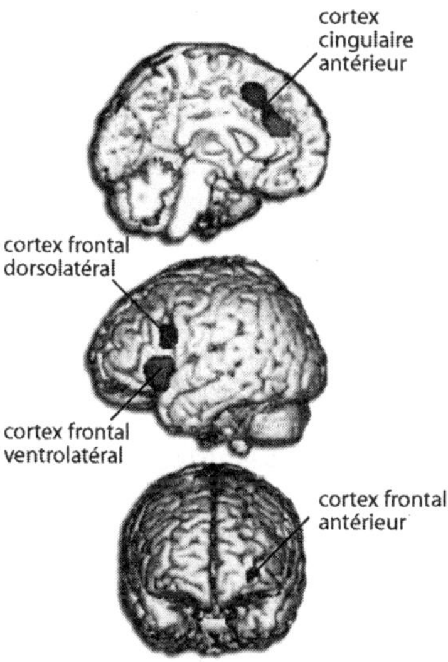


Fig. IV.1. – Les quatre régions gauches communément impliquées dans des tâches de mémoire de travail verbale, de mémoire épisodique et de mémoire sémantique[1].

raient aussi aux tâches de mémoire à long terme qu'elles soient épisodique ou sémantique.

Le cortex frontal dorsolatéral pourrait jouer un rôle crucial dans les opérations cognitives qui requièrent

1. Adapté de L. Nyberg *et al.,* Common prefrontal activations during working memory, episodic memory, and semantic memory, *Neuropsychologia,* 41, 371-377, 2003.

une sélection active, un contrôle et une action sur le matériel maintenu en mémoire de travail. Cette même région est également critique pour l'évaluation d'informations externes attendues, ce que comportaient toutes les tâches de mémoire étudiées ici.

La région frontale antérieure joue classiquement un rôle dans le contrôle élaboré de la planification de tâches cognitives et des processus utilisés pour les réaliser. Les différentes tâches de mémoire étudiées ici mettraient en jeu la région frontale antérieure dans l'évaluation des informations générées par ces différents tests.

Enfin, l'activation du cortex cingulaire antérieur serait liée au contrôle cognitif et à l'effort de réalisation de ces différentes tâches mnésiques.

Ainsi, ces activations frontales soulignent que certains processus sont communs à différents tests de la mémoire de travail, de la mémoire épisodique et de la mémoire sémantique. Elles confirment que la mémoire humaine est faite de multiples sortes de traitements, certains communs à beaucoup de tests et d'autres spécifiques à certains tests. Au premier abord, ces résultats peuvent sembler difficiles à concilier avec l'idée d'une mémoire multi-système. En fait, les différents systèmes de mémoire sont de plus en plus considérés comme opérant en termes de processus, certains de ces derniers pouvant être commun à plusieurs systèmes et d'autres spécifiques à un seul système.

## II. – Spécialisation fonctionnelle du lobe temporal médian

Un des thèmes de prédilection des premières études de neuroimagerie a concerné la possibilité que l'encodage et le rappel concernent deux sites distincts d'activité dans le lobe temporal médian. Il y avait une première difficulté dans l'étude de cette distinction car l'encodage se produit non seulement lorsque les éléments sont présentés une première fois au cours de l'étude mais aussi lorsque ces mêmes éléments sont présentés une deuxième fois avec les nouveaux lors de la phase de rappel. La seconde difficulté fût que beaucoup d'études reposaient sur une division grossière entre les régions antérieure et postérieure du lobe temporal médian, et qu'il était difficile de lier les résultats à des structures anatomiques précises.

Bien que la littérature soit plutôt partagée, les résultats disponibles suggèrent qu'il n'existe pas de division simple entre encodage et rappel[1]. Par exemple, l'encodage et le rappel de paires composées d'un nom couplé à un visage activent la totalité de l'axe longitudinal de l'hippocampe, et la forme de l'activation est la même pour l'encodage et le rappel. Dans une autre étude de reconnaissance d'images, l'encodage et le rappel ont été associés à une activation dans la région hippocampique, le cortex perirhinal et le cortex parahippocampique.

1. D. L. Schacter et A. D. Wagner, Medial temporal lobe activations in fMRI and PET studies of episodic encoding and retrieval, *Hippocampus,* 9, 7-24, 1999.

Différentes formes d'activité ont parfois été observées au niveau du lobe temporal médian. L'encodage de paires d'images active le cortex périrhinal mais pas le rappel, alors qu'une activité liée à l'encodage et au rappel de ces paires est observée dans l'hippocampe et le parahippocampe[1]. Dans une autre étude, une technique de déplissement cortical a été utilisée afin de cartographier l'activité liée à l'encodage et au rappel de paires nom/visage[2]. Seul l'encodage était associé à une activation des champs hippocampiques CA2 et CA3 et du gyrus dentelé. On ne sait pas pourquoi aucune activité n'a été observée dans le champ CA1, qui est l'entonoir anatomique essentiel à la fonction hippocampique (voir p. 47). Pour sa part, le rappel, et dans un moindre degré l'encodage, induisait une activité dans la partie postérieure du subiculum, alors que le cortex parahippocampique semblait s'activer pour l'encodage. De nouvelles études faisant appel à des techniques permettant des distinctions anatomiques fines seront utiles pour une meilleure compréhension du rôle de chacune de ces régions.

Un autre axe de recherche en neuroimagerie a concerné la possibilité que la région hippocampique (les champs CA, le gyrus dentelé, et le subiculum) puisse présenter des fonctions différentes mais identi-

1. M. Pihlajamaki *et al.*, Encoding of novel picture pairs activates the perirhinal cortex : An fMRI study, *Hippocampus*, 13, 67-80, 1999.

2. M. M. Zeineh, S. A. Engel, P. M. Thompson et S. Y. Bookheimer, Dynamics of the hippocampus during encoding and retrieval of face-name pairs, *Science*, 299, 577-580, 2003.

fiables en relation avec le cortex temporal médian adjacent. Par exemple, la région hippocampique pourrait être spécialement active lors de l'évocation ou l'association de souvenirs en mémoire déclarative. La comparaison entre l'activité dans le lobe temporal médian liée à une réponse type « se souvenir » et à une réponse type « savoir » permet de différencier le souvenir de la familiarité. Une plus grande activité pour le souvenir que pour la connaissance pourrait indexer les aspects de remémorisation de la mémoire déclarative.

D'autres études ont contrasté l'activité associée à la formation ou au rappel d'associations (*e.g.* paires nom/visage) avec celle associée à la formation ou au rappel d'éléments simples (*e.g.* visages ou noms seuls). Une plus grande activité lorsque l'encodage concerne une association révèlerait la formation de ces associations proprement dites. Les résultats n'ont pas révélé de distinction précise entre la région hippocampique et le cortex avoisinant. Les études les plus récentes ont à la fois impliqué l'hippocampe et le cortex parahippocampique dans la mémoire du savoir et dans l'encodage et le rappel d'associations.

Ainsi, il n'est pas prudent de conclure que la région hippocampique est spécifique des aspects d'association ou de souvenir de la mémoire déclarative. Les mêmes décours d'activité observés dans l'hippocampe ont été observés dans les cortex adjacents, le plus souvent le cortex parahippocampique. Il est donc tout aussi imprudent de conclure à un rôle spécifique du cortex adjacent à l'hippocampe aux formes non associatives de la mémoire déclarative.

En conséquence, le très important corpus de données issues des données récentes en neuroimagerie ne permet pas une conclusion simple sur la manière dont le lobe temporal médian se partage le travail. Bien que l'activité dans la région hippocampique soit corrélée aux aspects associatifs, remémorants et contextuels de la mémoire déclarative, l'activité de la partie postérieure du gyrus parahippocampique a également été associée aux mêmes aspects. De plus, bien que le cortex périrhinal ait été lié à la mémoire non associative (simple élément), cette région est parfois active lors de la mise en jeu d'associations. Enfin, l'activité dans la région hippocampique a été corrélée avec la mémoire non associative.

## III. – L'hippocampe et la mémoire spatiale

Se déplacer dans un environnement familier se fait tout naturellement, sans y penser. Par contre, on éprouve généralement des difficultés à s'orienter en arrivant dans un lieu ou une ville inconnue. Ces difficultés s'effacent au fur et à mesure que nous apprenons à nous repérer dans ce nouvel espace. La mémorisation des relations spatiales entre les lieux importants et nous-mêmes permet de créer une représentation de cet espace. Cette mémoire spatiale va nous servir à choisir le trajet le plus court entre deux lieux, ou tout simplement nous souvenir où se trouve garée la voiture ! La mémoire spatiale repose ainsi sur une mémoire des lieux et de leurs relations et elle est logée dans l'hippocampe.

John O'Keefe et John Dostrovsky ont décrit au début des années 1970 des neurones de l'hippocampe du rat qui déchargent spécifiquement lorsque l'animal occupe une place particulière dans son environnement familier, ou lorsqu'il passe à travers une zone donnée de son milieu[1].

Ces cellules de lieu sont situées dans les régions CA1 et CA3 de l'hippocampe (voir p. 47). Elles sont complémentaires des cellules d'orientation qui sont actives uniquement lorsque l'animal oriente sa tête dans une direction donnée, indépendamment de la place qu'il occupe dans son environnement. La découverte des cellules de lieu et des cellules d'orientation de l'hippocampe a conduit à considérer que ce dernier crée et utilise des cartes spatiales, voire que sa fonction principale serait de soutenir la mémoire spatiale.

Le développement des environnements de réalité virtuelle a permis d'étudier en détail l'apprentissage spatial et la mémoire spatiale chez l'homme. Apprendre son propre chemin dans un environnement virtuel ou se rappeler des parcours appris en les effectuant à pied ou en les construisant mentalement à partir d'une carte ou d'un texte activent la partie postérieure du gyrus parahippocampique et parfois l'hippocampe lui-même[2]. L'activité est souvent bilatérale,

1. J. O'Keefe et J. Dostrovsky, The hippocampus as a spatial map. Preliminary evidence from unit activity in the freely-moving rat, *Brain Res.*, 34, 171-175, 1971.

2. E. A. Maguire *et al.*, Knowing where and getting there : A human navigation network, *Science*, 280, 921-924, 1998 ; A. L. Shelton et J. D. Gabrieli, Neural correlates of encoding space

ou simplement latéralisée à droite en fonction peut être de la stratégie d'apprentissage des sujets. Ces activations apparaissent souvent être spécifiquement spatiales. Par exemple, l'activation était plus importante lorqu'il fallait trouver son chemin que lorsqu'il fallait suivre un parcours bien appris, ou encore durant l'apprentissage d'un itinéraire par route que par une vue aérienne, et toujours plus important lors du rappel d'un plan et de ses répères spatiaux que lors du rappel d'informations non topographiques.

Dans une première étude très originale, Eleanor Maguire a observé une activation spécifique de l'hippocampe droit chez des chauffeurs de taxi londoniens à qui elle a demandé d'imaginer leur déplacement au sein de la ville de Londres[1]. Les chauffeurs de taxi londoniens sont considérés comme des experts de la navigation spatiale. Ils doivent en effet suivre un entraînement intensif de deux ans en moyenne, sanctioné par un examen très strict, qui leur permet d'acquérir une excellente connaissance du réseau complexe des rues de la ville. Maguire et ses collaborateurs ont ensuite

from route and survey perspectives, *J. Neurosci.,* 22, 2711-2717, 2002 ; T. Hartley *et al.,* The well-worn route and the path less traveled : Distinct neural bases of route following and wayfinding in humans, *Neuron.,* 37, 877-888, 2003 ; E. A. Maguire *et al.,* Recalling routes around london : Activation of the right hippocampus in taxi drivers, *J. Neurosci.,* 17, 7103-7110, 1997 ; E. Mellet *et al.,* Neural correlates of topographic mental exploration : The impact of route versus survey perspective learning, *Neuroimage,* 12, 588-600, 2000.

1. E. A. Maguire *et al.,* Recalling routes around london : Activation of the right hippocampus in taxi drivers, *J. Neurosci.,* 17, 7103-7110, 1997.

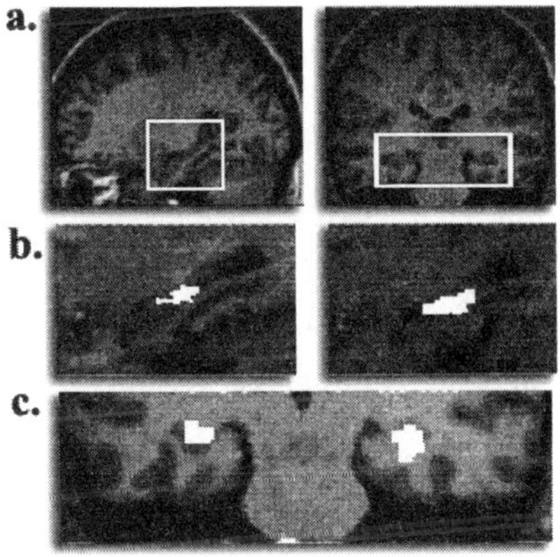


Fig. IV.2. – L'hippocampe des chauffeurs de taxi londoniens. (a) vue sagittale (à gauche) et coronale (à droite) indiquant la région hippocampique encadrée en blanc ; La différence de volume de la partie postérieure de l'hippocampe gauche (à gauche) et droit (à droite) des chauffeurs de taxi en comparaison à celle des sujets sans entraînement est présenté en blanc sur les vues sagittales (b) et coronales (c).

étudié les caractéristiques morphologiques du lobe temporal médian des chauffeurs de taxi en IRM anatomique[1]. Comparé aux sujets n'ayant pas eu un entraînement similaire, les chauffeurs de taxi londoniens ont un hippocampe postérieur plus développé (fig. IV.2). Plus remarquable encore, sa taille est corrélée à la

1. E. A. Maguire *et al.*, Navigation-related structural change in the hippocampi of taxi drivers, *Proc. Natl. Acad. Sci.*, États-Unis, 97, 4398-4403, 2000.

durée de l'expérience professionnelle du conducteur, ce qui signifie que les modifications de volume observée sont la conséquence d'un apprentissage spécifique et non une caractéristique préétablie.

Dans leur ensemble, ces résultas impliquent que l'hippocampe et le cortex parahippocampique jouent un rôle important dans la mémoire spatiale. Ils pourraient à ce titre contribuer à la construction de la mémoire de l'individu, en fournissant à chaque souvenir un cadre spatial permettant de le restituer avec précision.

Une autre alternative serait que l'hippocampe soit important à la fois dans les tâches spatiales et non spatiales où de nouvelles informations doivent être acquises et associées de façon à les rendre aisément disponibles pour diriger le comportement[1].

1. T. P. McNamara, A. L. Shelton et A. L. Shelton, Cognitive maps and the hippocampus, *Trends Cogn. Sci.,* 7, 333-335, 2003.

# CONCLUSION

L'étude de la mémoire a bénéficié depuis vingt ans de l'essor des techniques de neuroimagerie, TEP et IRMf. C'est grâce à ces dernières que l'existence de multiples systèmes de mémoire a été entérinée en venant élargir les champs d'investigations couverts par les études menées chez l'animal et en neuropsychologie expérimentale.

La neuroimagerie a fourni de nouvelles données concernant la nature et le fonctionnement des différents constituants de ces systèmes de mémoire.

La mémoire épisodique dépend du lobe temporal médian et des régions frontales. Pour ces dernières, il est possible de distinguer les contributions de régions frontales présentant une asymétrie hémisphérique à la fois pour l'encodage et la récupération mais également en fonction du type d'information. La mémoire sémantique dépend globalement de tout le cortex mais la neuroimagerie a permis de montrer que les attributs sémantiques d'un stimulus sont stockés près des régions cérébrales qui gèrent la perception de ces attributs, ce qui confère un rôle important au cortex temporal ventrolatéral et au lobe frontal pour cette forme de mémoire. Dans le domaine de la mémoire de travail, ces techniques ont notamment décrit une distinction entre les contributions de régions frontales, ventrales et dorsales en fonction du type d'informations maintenues ou manipulées. Les travaux concernant la mémoire procédurale ont décrit des mécanismes de transition des réseaux activés durant les différentes étapes allant de la pratique au surentraînement et faisant appel aux noyaux gris centraux et au cervelet.

Mais au-delà de la caractérisation des bases neurales de chaque système de mémoire, ces techniques ont aussi permis de souligner qu'un certain nombre de ces régions sont impliquées dans plusieurs systèmes. Par exemple, une partie du lobe frontal ventrolatéral gauche est impliqué dans la mémoire de travail au niveau de la boucle phonologique, dans la mémoire sémantique, et dans la mémoire épisodique. Gageons que ces analogies anatomiques vont permettre de mieux comprendre les interactions entre les différents systèmes de mémoire initialement dissociés sur d'autres bases de faits.

# BIBLIOGRAPHIE GÉNÉRALE

Carruthers M., *Le livre de la mémoire. La mémoire dans la culture médiévale*, Paris, Macula, 2002.

Bernard M. et Roubaud J., *Quel avenir pour la mémoire ?*, Paris, La Découverte - Gallimard, n° 349, 1997.

Eustache F., *Pourquoi notre mémoire est-elle si fragile ?*, Paris, Le Pommier, 2003.

Fuster J.-M., *Memory in the cerebral cortex. An empirical approach to neural networks in the human and nonhuman primate*, Cambridge, MIT Press, 1995.

Houdé O., Mazoyer B. et Tzourio-Mazoyer N., *Cerveau et psychologie. Introduction à l'imagerie cérébrale anatomique et fonctionnelle*, Paris, PUF, 2002.

Imbert M., *Traité du cerveau*, Paris, Odile Jacob, 2006.

Mazoyer B., *L'imagerie cérébrale fonctionnelle*, Paris, PUF, « Que sais-je ? », n° 3628, 2001.

Nicolas S., *La mémoire humaine. Une perspective fonctionnaliste*, Paris, L'Harmattan, 2000.

Nicolas S., *La mémoire et ses maladies selon Théodule Ribot (1881)*, Paris, L'Harmattan, 2002.

Schacter D., *À la recherche de la mémoire. Le passé, l'esprit et le cerveau*, Bruxelles, De Boeck Université, 1999.

Squire L. et Kandel E., *La mémoire. De l'esprit aux molécules*, Paris, Champs Flammarion, 2005.

Tulving E. et Craik F. I. M., *The Oxford handbook of memory*, Oxford, University Press, 2000.

# TABLE DES MATIÈRES

Imprimé en France
par Vendôme Impressions
Groupe Landais
73, avenue Ronsard, 41100 Vendôme
Octobre 2006 — N° 53 278